保育のための
教育原理

垂見直樹
金　俊華　著
大間敏行
三木一司

ミネルヴァ書房

はじめに

　幼稚園教諭免許状ならびに保育士資格の必修科目である「教育原理」は、文部科学省による「教職課程コアカリキュラム」(2017年)ならびに、厚生労働省子ども家庭局長通知「「指定保育士養成施設の指定及び運営の基準について」の一部改正について」(2018年)において、学習内容の大枠が規定されています。本書はこれらをふまえたうえで、保育者を目指している方を想定して編まれました。

　よく、教育は「不易（ふえき）と流行（りゅうこう）」であるといわれます。不易は、時代を通じて変わらない不変のもの、流行は時代に応じて変化するものです。変わらないものを見定める視点と、変化に応じる柔軟性との双方が、教育に携わる専門家には求められます。一般的には、教育原理という教科目が取り扱うのは、「不易」の部分ということになるでしょう。

　しかし、両者がどのようにつながっているのか、不易を知ることで、流行の理解にどのような影響が生じるのかを知らなければ、教育原理の学習は、「実際の現場からかけはなれた古臭い話」にとどまってしまいかねません。それでは、教育原理への興味や関心ももちにくいでしょうし、「実際の現場」を生きていくみなさんにとって、あまり有益な知識はもたらされないでしょう。したがって本書は、現代的な話題にも大きく紙幅を割いて、教育原理という教科目の枠内で、できるだけ不易と流行の双方に目配りできるように構成しました。『保育のための教育原理』という書名は、本書のこのような特徴を反映したものです。

　本書で扱われる知識は、「すぐに使えて明日役に立つ」といった種類のものではないと思います。しかしみなさんは、教育や保育をめぐって目まぐるしく変わる政策動向や、現場が直面する様々な課題に、これから保育者として立ち向かっていかなければなりません。そのなかで、不易たる教育の原理を習得しておくことは、これまでにも増して重要性を帯びてくるのではないかと思います。流行にただ流されず、真贋（ほんものとにせもの）を選り分ける「プロ」としての目を鍛えることが、要求されるでしょう。

　本書が、その一助となることを願っています。

著者を代表して
垂見直樹

目　次

はじめに

第1章　教育とは何か ………………………………………………………………… 1

（1）教育という概念 ……………………………………………………………… 1
　　① 教育という営み　1
　　② 教育の定義　4

（2）教育の目的 …………………………………………………………………… 6
　　① 教育の目的の二重性　6
　　② 教育の目的と国家　7
　　③ 教育実践における教育の目的　8

（3）教育と家族 …………………………………………………………………… 9
　　① 家族の変化　9
　　② 教育と家庭・地域社会　11

第2章　幼児教育思想の歴史 ……………………………………………………… 15

（1）「子ども観」の今昔 ………………………………………………………… 15
　　① 今日の子ども観　15
　　②「小さな大人」としての子ども　16
　　③「発見」された子ども　16

（2）近代幼児教育思想の源流 …………………………………………………… 18
　　① 幼児期における学びの原点──『エミール』の教育思想　18
　　② 幼児教育と母性──ペスタロッチの思想と実践　20
　　③ 幼児教育における「遊び」の意義──フレーベルの教育思想と恩物　21

（3）日本の幼児教育と倉橋惣三 ………………………………………………… 23
　　① 日本の近代化と幼稚園教育のはじまり　23
　　② 倉橋惣三の幼児教育思想　24
　　③ 現代の幼児教育と倉橋惣三　26

第3章　教育制度の成立と幼児教育の展開 ……… 29

（1）江戸期における子どもの教育 ……… 29
① 江戸期の子どもの生活　29
② 子どもを保育する施設の構想——幻心と佐藤信淵　30
③ 子どもの学び——寺子屋を中心に　32

（2）近代教育制度の成立と幼児教育の普及 ……… 32
① 学制公布と幼児教育の成立　32
② 明治期の幼児教育制度の展開　34

（3）大正新教育と幼稚園令の制定 ……… 36
① 幼稚園教育と大正新教育　36
② 幼稚園令制定への流れ　37
③ 託児所の設立と普及　38

第4章　戦後日本における教育の再出発 ……… 41

（1）戦時下の幼稚園教育 ……… 41
① 戦時体制下の教育と幼稚園　41
② 子どもたちの疎開　43

（2）新たな教育制度の成立 ……… 44
① 戦後の教育改革　44
② 新しい幼稚園と保育所の成立　46

（3）保育者養成制度の確立 ……… 48
① 新たな幼稚園教諭の養成　48
② 保育所保母の養成　50

第5章　教育の法規と制度の基礎 ……… 53

（1）戦後日本の教育法規の基礎——日本国憲法と教育基本法 ……… 53
① 法規の基礎　53
② 日本国憲法　54
③ 教育基本法　56

（2）学校とは──学校をめぐる法規と制度 ·· 58

　① 学校教育法　58
　② 特別支援教育　59

（3）教育行政 ·· 60

　① 文部科学省と地方教育行政　60
　② 地方教育行政制度の改革　61
　③ 教職員の制度　62

（4）「乳幼児期の教育」の制度 ·· 64

　① 幼稚園と保育所の比較　64
　② 2015（平成27）年度以降の制度（子ども・子育て支援新制度）　66

第6章　諸外国における教育・保育 ·· 69

（1）諸外国の学校体系 ··· 69

　① 学校体系の分類　69
　② 諸外国の学校制度　71

（2）乳幼児期の教育への国際状況 ··· 74

　① 乳幼児期の教育（ECEC）への注目とその背景　74
　② 乳幼児期の教育（ECEC）における無償化の動向　75
　③ 諸外国の乳幼児期の教育の質を考える視点　76

（3）諸外国における多様な保育実践 ··· 78

　① レッジョ・エミリア市の幼児教育（イタリア）　78
　② テ・ファリキ（ニュージーランド）　79

第7章　教育の方法 ·· 81

（1）教育方法の基礎──一斉教授と子どもの「経験」 ······································· 81

　① 一斉教授とその問題点　81
　② 学習における経験　83

（2）求められる能力の変化 ··· 85

　① 社会の変化と求められる能力　85
　② メリトクラシーからハイパー・メリトクラシーへ　85
　③ 非認知能力（非認知的スキル）への注目　87

（3）乳幼児期における教育方法 ……………………………………………………… 88

　　　　　① 乳幼児期に育む「資質・能力」　88
　　　　　② 乳幼児期の教育方法の基本原理　89
　　　　　③ 主体的・対話的で深い学び（アクティブ・ラーニング）　91

第 8 章　教育の内容 ………………………………………………………………………… 93

　　　（1）教育内容の基礎 ………………………………………………………………… 93

　　　　　① 教育内容は誰が決めるのか──ナショナル・カリキュラム　93
　　　　　② 教育内容は国の影響をどの程度受けるのか　94
　　　　　③ 教育内容の選択に影響を与えるもの──社会的要請・価値と文化　95

　　　（2）教育内容の実際──学習指導要領を中心に ……………………………………… 96

　　　　　① 顕在的カリキュラムと潜在的カリキュラム　96
　　　　　② 戦後教育内容の変遷　97
　　　　　③ 教育内容の現代化とそれへの批判　99
　　　　　④ ゆとり教育から現行学習指導要領へ　99

　　　（3）教育内容の実際──乳幼児期の教育内容 ………………………………………… 100

　　　　　① 各施設における教育内容の整合性・同一性　100
　　　　　② 乳幼児期の教育のねらい　101

第 9 章　教育の計画と評価 ………………………………………………………………… 105

　　　（1）教育の計画（政策レベル） ……………………………………………………… 106

　　　　　① 教育計画の歴史　106
　　　　　② 日本における教育の計画　107

　　　（2）教育の評価 ……………………………………………………………………… 110

　　　　　① 教育評価の基本　110
　　　　　② 組織レベルの評価──学校評価制度　112
　　　　　③ 子どもの教育評価　113

　　　（3）計画と評価の実際 ……………………………………………………………… 116

　　　　　① カリキュラム・マネジメント　116
　　　　　② 保育現場における計画　116
　　　　　③ 保育現場における評価と改善　118

第10章　現代社会と生涯学習 ……………………………………………………… 119

（1）生涯学習の概念と理念 ……………………………………………………… 119

① 生涯学習とは何か　119
② 生涯学習の歴史的背景　121
③ 生涯学習と社会教育　122

（2）生涯学習振興の制度的基盤と振興方策の動向 …………………………… 123

① 生涯学習推進体制の整備　123
② 生涯学習振興方策の具体的動向　124

（3）地域社会における生涯学習の展開 ………………………………………… 125

① 社会教育施設とその役割　125
② 多様な生涯学習の展開　127
③ 生涯学習の現代的課題　130

第11章　教育／保育現場をめぐる現代的課題 ……………………………… 133

（1）学びの場の多様化 …………………………………………………………… 133

① 学校をめぐる考え方の変化　133
② 多様な学びの機会の確保（初等・中等教育段階）　134
③ 教育機会確保法　136

（2）教員養成／保育者養成 ……………………………………………………… 137

① 教師のキャリア（幼稚園教諭を含む）　137
② 保育士のキャリア　139

（3）学校安全への対応 …………………………………………………………… 140

① 学校安全が求められる背景とこれまでの取り組み　140
② 学校安全の推進に関する計画　141
③ 保育現場における安全　142

（4）教育の情報化 ………………………………………………………………… 143

① 高度情報社会と子ども　143
② 教育の情報化　144
③ 保育現場のICT化　145

第12章　連携による教育・保育 ……………………………………………… 147

（1）連携の考え方 ……………………………………………………………… 147
① 学校の役割の問い直し　147
② 求められる人と人とのつながり　148

（2）教育と子ども家庭福祉 …………………………………………………… 150
① 教育と福祉　150
② 教育・保育と子ども家庭福祉との連携　151

（3）就学前と小学校との連携 ………………………………………………… 152
① 子どもの小学校への移行　152
②「円滑な接続」のための交流　154

（4）教育・保育現場と地域との連携 ………………………………………… 155
① 学校と家庭・地域との連携　155
② 保育現場と家庭・地域との連携　157

索　引　159

第1章
教育とは何か

◆この章で学ぶこと
・教育に関する諸概念を理解する。
・教育の目的における社会と教育との関係を理解する。
・現代の家族の変化をふまえ，家族と教育について理解する。

1 教育という概念

1．教育という営み

　われわれの周辺には，「教育」にまつわる話で満ち溢れています。
　「よりよい未来のために日本社会に必要なのは教育改革だ」「最近の子どもは，家庭教育を真面目に受けていないから問題だ」「地域の教育の力が著しく低下した」「今回の入試制度の見直しは，学校教育の現実を全く反映していない」「小学校の低学年で塾に通わないと受験は失敗するらしい，日本の教育もおかしくなった」「私はゆとり教育で何の問題もないと思うが，何でやめるのか理解できない」。
　実に，多岐にわたっていて，枚挙に暇がありません。マスコミ報道以外にも，日常生活のレベルで「教育とはこうあるべし」という類の話を耳にすることは，けっして珍しいことではありません。誰もが学校に通い教育を受けた経験をもっており，教師や教育学者でなくても，みんな教育について熱心に語ります。政治家は教育の重要性を国民に訴え，子どもをもつ親は学校教育について様々な意見をもっています。それは，現代を生きる誰もが，教育という営みと不可分の関係にあるからです。言い換えれば，誰もが教育という営みに何らかの形でかかわっている当事者もしくは関係者だからです。同時に教育は，誰もが容易く語れるほど身に覚えのある話題だからです。
　しかし，教師を目指すために教育学を学ぶ場合，教育とは何か，少し真剣に考えるようになります。そして，日常生活レベルで使われる「教育」という言葉が，教育学の諸分野で使われる「教育」の概念と全く同じ文脈で使われていないことにも気づきます。実は，教育は人間生活の様々な領域にまたがっている複雑な営みなのです。そのため，その「正体」をとらえるのに苦労をするわけです。まずは，「教育」の様々な側面を説明することからはじめてみます。

○教育は大人の世代が次の世代へ

　まず，教育の語源について説明してみます。漢字の「教」という字は，白川（2004）によれば，子どもを集めて教育を行う建物を意味する「こう（爻）」と「子」と長老たちの教権を示す「ぼく（攴）」の3つの字によって成立しているとされています。また，「育」は子どもが生まれおちるときの姿の「とつ（云）」と「月（肉）」の2つの字からなり，両字とも生子儀礼に関連する文字であると解説されています。つまり，「教」と「育」は，大人が「おしえ」子どもは「ならう」行為を通して成長（＝育つ）するということを表しています。それにくらべて，英語の「education」はラテン語の「educo＝外へ引き出す」に由来しているといわれています。子どもが潜在的に秘めているものを大人が引き出し，より発展させていくイメージだといえます。

　両者の語源に共通するのは，大人の世代が次の世代へ働きをかけるという点です。大人から子どもへという垂直的働きかけは容易く想像できます。人類学者が記した未開社会の民族誌には，学校教育が生起する以前からの教育的営みの痕跡が読みとれます。南太平洋の子どもたちは夜空の星座の配置を大人から学び，将来の航海に備えます。農民の子であれば，農具づくりや耕作の術を学びます。遊牧民であれば季節ごとに牧草地の移動を繰返し，チーズづくりや羊飼いとしての術を学習します。このように生きるために必要な知識や技術から，次第に思考や行動様式にいたるまで体系的に大人から子どもへ継承されるようになったと考えられます。

　また，人間はこの世に生を受けたときから特定の社会の成員として帰属されます。教育的営みも，個人レベルにとどまらず，社会的集団として行われなければならないのです。つまり，新たな成員（次の世代）に生きるために必要な何かを社会全体で伝えて継承させる必要が生じるわけです。なぜなら，このような営みが途絶えると，その社会は持続できないからです。社会が求める行動様式，思考，知識，技術などは，「文化」や「社会規範」と呼ばれるものです。大雑把にいえば，大人の世代から次の世代へ「文化」や「社会規範」を伝えていくことが教育だといえます。

○教育は人間固有の営み

　人間と動物の違いを明確にする典型的なレトリックがあります。動物としての人間のある部分を表象しながら，他方で動物にはない能力や性質を表象する修辞法です。たとえば，「人間は社会的動物だ」という言説は，人間は動物ではあるが，動物の「社会（群れ）」とは全く異なる「社会」に生きていることを前提にしています。

　では，動物の世界に教育が存在しないのか考えてみましょう。ライオンは子どもに狩りを教えます。ハキリアリはキノコを栽培し利用します。ミツバチや鳥は信号を使って交信します。これらをどう解釈すべきなのでしょうか。一見人間と同様に，動物も何かを群れのなかで学習し，生きていると思われます。動物生態学では，動物も本能以外に学習行動

はみられるといわれています。しかし，動物が何を学習するかはその種の生得的条件によって限られるということです。進化論における自然選択説は，環境に適応した種のみが生き残り，適応に失敗した個体は淘汰されるという理論です。その適応の過程にみられる行動や性質は，遺伝子によって決定されます。

動物も人間と似たような学習行動はみられますが，決定的な違いがあります。それは言語を用いるか否かです。人間は進化の過程で言語を生得的能力として獲得しました。チョムスキーの「普遍文法」理論によれば，人間は個別言語に対応できる普遍的な文法をもっており，それによって言語を自由自在に用いることができるということです。教育という営みは，言語を抜きにして成立しません。親が子どもに，大人が子どもに，教師が学生に，何かを伝える，教えるには言語を用いて何かを表象しないといけません。また，子どもは学習のなかで言語を用いて様々なことを想像し，表現しなければならないわけです。そういう観点に立てば，教育は人間固有の営みだといえます。まさに，「人間は教育を必要とする動物だ（homo educandus）」という言説が動物とのアナロジーで見出されるわけです。

○人間は教育のみによって人間になる

同じ文脈で，教育を必要とする人間を表象しているケースは多くの文献に散見されます。たとえば，「野生児」に関するものです。アヴェロンの野生児，カマラとアマラ，カスパー＝ハウザーなどがあります。ここでは，アヴェロンの野生児を取りあげます。

1799年，フランスで3人の猟師によってアヴェロンの野生児が発見されました。発見時の推定年齢は，11～12歳でした。後にヴィクトールと名づけられ，医師イタールによって教育が行われました。しかし，いくつかの言語を理解し，いくつかの単語を綴ることしかできず，ついに言語を獲得することはなかったのです。結果，彼が1828年に推定40歳で死亡するまで「野生」の状態から人間社会への適応はみられませんでした。

野生児の研究は，人間形成における遺伝的要因と環境的要因に関する議論や言語習得の臨界期など様々な議論に発展しました。ここで注目したいのは，このような野生児に関する事例が教育学の教科書に紹介されていることです。

たとえば，「イタール（J.M.G. イタール，1978）は，『野生人の教育について，あるいは，アヴェロンの野生児の身体的・精神的な初期発達について』の冒頭で「人間は文明化されなかったら，動物のうちで最も弱く最も知的でない存在の中に数えられることになる。（中略）人間は自己の種がもつ最もすばらしい特権，すなわち，模倣や社会の影響によって知性を発達させることができるという特権を享受してきたのである」（イタール，1978）とあります。

この記述は，自然界における人間の特殊性についてきわめて端的に述べているといえます。人間が動物と違って人間として成長することが可能なのは，文明化された社会を所有している，また，その社会や文化の影響に絶えずさらされることが必要不可欠だからと指

摘しています。ここでいう社会や文化の影響とはいうまでもなく，人間社会の教育的営みを指しています。つまり，人間社会の教育的営みの恩恵に与らなかった「野生児」は，人間としての感覚，知性，言語の習得ができなかったわけです。この事実は，人間形成における教育の重要性を浮き彫りにする格好の素材です。「人間は教育のみによって人間になる」という言説も，このように自然（野生）/文化（社会），動物的性質/人間的性質などの二項対立の図式において見出されるわけです。

2．教育の定義

○意図的教育と無意図的教育

　教育学の教科書を読むと意図的教育，無意図的教育という用語に遭遇します。教育的営みをより客観的に体系的に把握するためにあえて操作的に区分する必要があります。意図的教育とは，ある意図や計画のもとで行われる教育を指します。学校教育をイメージすれば容易に理解できます。学校教育は，学校という空間に生徒を集めて行います。教師は生徒に対して特定の意図（目的）をもっており，学校教育法が定める教育課程の学習指導要領に準じて教え，生徒は学びます。この場合，教育の意図や計画は明確です。

　これにくらべ，無意図的教育とは，その営みに意図や計画がなく，自然な形で行われる教育を指します。家庭教育をイメージしてください。たとえば，親兄弟でトランプゲームを興じるなかで子どもがルールの大切さを経験的に身につけることがあります。親がルールの大切さを子どもに教える意図や計画をもたなくても，自然に遊びのなかで規範を内面化することもあります。実は，家庭で行われるしつけのかなりの部分は，このように意図や計画をもったものより，家庭の年長者の立ち振る舞いや言動が子どもに影響を与え，感化することで身につくものであるともいえます。無意図的教育における意図は，家庭や個人によってその濃淡が異なるため，厳密に区分するのは困難です。また，意図的教育を定型的教育（formal education），無意図的教育を非定型的教育（informal education）ともいいます。

○狭義の教育の定義

　教育を定義することは，実にむずかしい作業です。広田（2009）は，教育という事象を言語化する作業について2つの問題を指摘しています。1つは，定義に教育的営みに求められるべきある種の価値を取り込んでしまう問題です。その一例として，「教育とは，発達の道筋に沿った望ましい方向に向けて，子どもたちの可能性を引き出す援助の営みである」という定義をあげています。もう1つは，定義が狭すぎて教育の多様な側面をとらえられないという問題です。それは次のような定義です。「教育とは道徳性を陶冶する営みである」。この場合，道徳性を培う教育的営み以外のすべてを排除することになります。

　そこで，広田は，教育という行為の他者性に着目し，教育と学習を弁別しています。そして，次のように教育を操作的に定義します。「教育とは誰かが意図的に，他者の学習を組

織化しようとすることである」。さらに，「周囲の環境からいつのまにか学んでいるといった学習は『教育』には含まれない。ただし，子どもの環境を親や教師が教育的意図に基づいて準備するような場合は，それは『教育』であるということになる」と説明しています。

つまり，教える側の意図が不明で子どもが大人や周囲の人々を模倣したり，感化されたりする場合は，すべて「学習」とみなすことができます。この定義は，学校教育のような「意図的教育（＝他者に対して何らかの意図をもって行われる教育）」を理解し，分析するのには非常にわかりやすい定義だといえます。学校教育の本質を理解する場合，教育という行為の主体（教える側：教師）が客体（教えられる側：生徒）に対し，一定の意図や計画に沿って行われる点にあります。

○広義の教育の定義——文化の伝達としての教育

人間の教育・学習という行動をより広い視野でとらえるならば，文化伝達の営みとしてみなすこともできます。社会は，大人の世代が次の世代に行動様式や思考を伝達し，再生産することで持続可能になります。こういう視点で，文化化（enculturation）という用語は，人間が出生から大人になるまで自分の属する社会の文化を習得していく過程を指します。同様の意味で社会化（socialization）という用語も用いられています。江淵（1982）は，文化化の過程を次のように説明しています。

「一つの社会がその組織を維持し，永続するためには，新しい成員に，いかに行動すべきかについての知識・技能・価値を獲得させなければならない。それは運動神経や感覚器官を動かす機能からその社会のもつ文化的標準に関する知識や言語・芸術のようなシンボル操作規則，人間関係原理の了解とその応用能力，動機づけの構造や感情表現の方法，思想・態度に至るまで実に多様なものを含んでいる。これらすべてを獲得する過程が文化化である」（江淵，1982）。

また，ウォーレス（Wallace, A.F.C., 1961）は，文化伝達の多様性を分析するために，学習―文化化―教育―学校教育という4つの概念を一つの連続体のなかに位置づけた理論を展開しています。彼は，伝達される文化の内容を知性，技術，道徳性の3つに範疇化しています（図1-1）。

つまり，もっとも広義の概念として模倣，感化を含める「学習」を同心円の外側に位置づけ，もっとも狭義の概念として「学校教育」

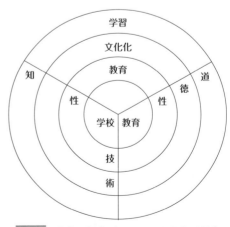

図1-1　教育の概念（Wallace, A.F.C., 1961）
出所：江淵，1982

を同心円の中心に据えています。また，文化化過程にみられる意図（たとえば，通過儀礼や加入儀礼などには，社会の組織的な介入や意図がみられる）が洗練され，社会が意識的に制度化を行う場合，その度合いによって同心円の中心「教育」，「学校教育」に向かうわけです。

2 教育の目的

1．教育の目的の二重性

　学校教育は，教師が意図的に生徒の学習を組織化しようとする営みですから，必ず目的が必要です。その目的が誤っていたら，その教育活動も誤ったものになってしまいます。したがって，教師はその活動の意図や目的を常に自覚する必要があります。教育基本法では，教育の目的を次のように定めています。

　　第1条　教育は，人格の完成を目指し，平和で民主的な国家及び社会の形成者として必要な資質を備えた心身ともに健康な国民の育成を期して行われなければならない。

　この第一条は，日本社会が目指す普遍的価値や規範を明文化したものであり，日本の教育が何を目指しているのか，1つの道標になっているといえます。しかし，留意すべきことは，この文章は，A「人格の完成」とB「国家及び社会の形成者」の2つの事柄で構成されている点です。つまり教育の目的が，Aは個人に，Bは社会にその焦点が向けられています。そもそも，教育の目的は，自己をいかに実現させていくべきかという「個人的側面」と国家，社会の構成員としていかに育てるべきかという「社会的側面」をあわせもっています。このような教育の目的にみられる二重性について，藤田（2005）は次のように述べています。

　　「教育は当該社会全体の利益・福祉に関わる営みであると同時に，その社会成員個々人の利益・福祉に関わる営みでもある。この教育の目的・機能の二重性については，約1世紀前にE.デュルケムが〈個人の社会化〉と〈社会の個人化（社会の存続・再生産）〉という，教育の二重の機能として指摘したところであるが，（中略）両者が相互依存的であるのは，前者を欠いて後者はありえず，後者を欠いて前者もありえないからである」（藤田，2005）。

　藤田は，教育の公共性がこのような教育の二重性と相互依存性に由来していると指摘しています。学校教育が社会的に制度化されたものであるという文脈で考えれば，「人格の完成」という個人の自己実現という個人の内的問題も，国家および社会の規範という外的要

素に制限されることを意味します。なぜなら，人間は個々の社会（文化）のなかで生活しており，その社会（文化）の規範を内面化し，継承していかざるをえないからです。

しかし，国家および社会がある政治的意図をもって教育に介入した場合，教育の目的における個人的側面が軽視され，画一的価値観の受容を求められるようになります。たとえば，戦前日本の「富国強兵」「皇民化政策」はその典型例といえます。戦後の旧教育基本法（1947年）は，このような国家による教育の介入に対する反省から制定されるようになりました。このように，教育の目的は，社会的・歴史的に制約されるということを認識しておく必要があります。

2．教育の目的と国家

教育と国家の関係について考えるためには，国民国家という概念について触れておく必要があります。国民国家は，18世紀フランス革命を経て第一次世界大戦までに西欧で誕生した近代的国家およびそのシステムを指す用語です。国民国家成立以前の西欧の政治体制は，ルイ14世の「朕は国家なり」のとおり，君主のみに国家権力が付与される絶対王制でした。この封建的絶対王制を解体する過程で国民に主権があるという新たな政治的理念が登場したわけです。国民は主権の獲得と同時に国家に対し，納税，兵役，教育などの義務を負います。第二次世界大戦後，西欧の旧植民地から独立した多くの地域も，このシステムを受け入れ，新たな主権国家として生まれかわりました。

国民国家は，一定の境界が確定した「領土」内に同質的「国民」がいるということが前提になります。国民国家の成立初期は，同じ領土内に人種，文化，言語も統一されていない地域もあれば，「われわれは同じ国民だ」という国民国家の一員としての帰属意識も希薄です。そこで，いかに国民的アイデンティティを構築していくかが課題でした。アンダーソン（1983）は『想像の共同体』で「出版資本主義」の拡大によって，国民国家の成員間の言語共有が可能になり，国民としてのアイデンティティを共有できる基盤をつくり出したと指摘しています。ヨーロッパでは，国民国家の成立とともに領土内の多様な「世俗語」を「国家語」として統一させていきます。その際，教育も大きな役割を果たしました。

日本の場合も，明治期の言文一致小説の始まりといわれている『浮雲』が出版された当時（1887年），まだ「国語」としての日本語が成立していなかったわけです。これに関して，大澤（2014）は，次のように述べています。

「1900年（明治33年）小学校令改正のときに，「国語」という教科目が導入された。もちろん，この教科目は，日本語による表現やリテラシーを教育することを目的としていた。「国語＝日本語」という等式が一般化するのは，おそらく，これ以降のことである」。

国民という概念は，国民を教育制度のなかに取り込む過程で再生産され，強化されていきました。当時の教育は，国民国家を成立させるための政治的意図をはらんでいます。学

校では，国民の共通言語として「国語」を学び，「歴史」を共有できるようになっていきます。教育の目的も，国家の維持や発展のために存在するとみなされ，国家のイデオロギーや政策に大きく左右されるようになりました。国旗や国歌が学校教育の場に出現するようになったのも国民国家の成立という時代背景と不可分関係にあるといえます。19世紀後半以後，多くの国民国家において「国民教育」は公教育の制度の普及とともに，教育の目的として位置づけられていました。

3．教育実践における教育の目的

　教育の目的や目標を実現するためには，教師がいかに教えるのかという方法と，何を教えるのかという内容が問題になります。文部科学省は，「幼稚園教育要領」「小・中学校学習指導要領」を定め，幼稚園，小・中学校で行われるべき教育の「方法」および「内容」を具体的に示しています。この基準に依拠し，教育の実践においては，一定の目的や目標を実現するために制度化・計画化・明文化された具体的なカリキュラムが編成されます。教育に従事する研究者は，より効率的に教育目的や目標の実現を目指し，教師の指導方法・手順・計画の省察や教材の改善などを通して，いわゆる「カリキュラム開発」を行っています。

　このように教育実践において公式に明示化されているカリキュラムに対して，「隠れたカリキュラム（hidden curriculum）」と呼ばれる（「潜在的カリキュラム」ともいう）概念についても理解しておく必要があります。この概念を初めて用いたジャクソン（Jackson, P.）は，学校や教室で行われる諸活動を通して，教育する側（教師）の意図とは関係なく，教育を受ける側（生徒）自らが特定の行動様式や価値などを内面化していく事実を指摘しました。

　たとえば，男らしさ，女らしさなどのセクシュアリティの問題や性別役割意識などは，教師の意図とは関係なく，教育活動の様々な慣行や規則などによって児童生徒側が無意識に獲得してしまうといわれています。教師はジェンダーバイアスを意識的に助長する意図はなく，男子に「もっと男らしく大きな声で返事できないか！」と叱責したり，「女子に対してはもっとやさしく接しないといけないでしょう！」と声掛けしたりする場合，児童生徒は暗黙の了解事項として偏ったジェンダーバイアスを受容してしまいます。このように「隠れたカリキュラム」はジェンダーの問題に限らず，人種・宗教などに対する様々な社会的固定観念を再生産する機能をもっているといえます。また，社会の不平等を再生産する装置（＝学校制度）を支える構造として「隠れたカリキュラム」をとらえる議論もあります。経済的不平等の克服や社会的地位上昇は，学校教育のみによって実現できるというイデオロギーが「隠れたカリキュラム」として機能する場合，結果的に教育は社会の不平等を再生産するというパラドックスに陥ってしまいます。

　イヴァン・イリッチ（Ivan, D.I., 1971）は『脱学校の社会』で，学校は年齢別の集団構成，

資格をもった教師と生徒との関係，フルタイムの通学の3つの要素に集約された，近代社会がつくり上げた制度であると分析しました。彼は学校の過剰な制度化は，子どもたちの自律的学びの精神を奪い（卒業免状を取得するだけで，能力があると思い込むなど），様々な問題を自ら解決していく能力も喪失させたとみなしました。その結果，生徒は学校という制度によるサービスに飼いならされるようになると指摘しました。また，教育だけではなく社会全体の「脱学校化」が必要であり，学校教育のもつ「潜在的カリキュラム」にも焦点を合わせなければならないと主張しました。

　何のために教育が存在するのか，目的は何なのか，明確に語ることが困難な時代になりました。19世紀以後の国民国家でみられたような教育によって「国民」を養成するという使命も見失いました。ならば，学校教育が存在していなかった時代のように，各々の社会が受け継ぐべき世界観やコスモロジーを内面化させる役割を教育の目的に求めるのも，近代化と個人化が進行し，多様な価値が混在している現代社会では困難だといえます。もはや前近代的な世襲的な職業も存在せず，資本主義経済システムが拡大する過程で産業組織も労働の実態も大きく変容してしまいました。

　今日の学校教育現場では，教育の目的と教育の実践の乖離というべき状況が広がりつつあります。たとえば，教師は，教育法規で定める目的の実現に向けて，学習指導要領にしたがい，計画的に授業を行ったとします。しかし，児童生徒からすれば，目の前の数学の授業や理科の実験などが人格の完成にどう役に立つのか，疑問をもつかもしれません。あるいは，真面目に教科課程を履修し学習に励むのは，「良い大学」に進学して「良い仕事」に就く手段であると思っている生徒もいるでしょう。ここで考慮すべきことは，教育の目的を設定する主体が教師であり，それを実現する主体は生徒であるということです。したがって，教育の実践レベルにおいては，教育の目的も個人の価値観が多様化している現状に目を向け，個人の内面を尊重し，生徒自身が自己実現に向き合えるものにならない限り，教育法規に定められた絵空事にすぎないことになります。

3　教育と家族

1．家族の変化

　人間は，家族という集団を介して出生し，社会的に再生産されます。家族は，出生のみならず，結婚，死などの人間の一生と深くかかわりをもっています。結婚した男女とその子どもからなる「核家族」であれ，親夫婦および結婚した子どもを含む「拡大家族」であれ，出産，子育て，経済などの重要な機能を担っています。近代化と都市化は，「核家族」の増加をもたらし，それは社会の最小単位として位置づけられ，日本社会の「家族」の中

心的存在となりました。

　戦後からのライフスタイルの変化は，日本社会に様々な問題を浮上させました。とりわけ，少子化，高齢化，晩婚化，未婚化などの現象は，「家族」に著しい変化をもたらしています。その変化をもっとも端的に示す資料として，NHK放送文化研究所（編）『現代日本人の意識構造〔第八版〕』(2015)に引用されている見田宗介の分析を紹介することにします。彼はNHKの「日本人の意識調査」の第1回が行われた1973年から30年間のデータの分析を通して，日本社会における「近代家父長制家族」の解体過程を読みとっています。まず彼は，「近代家父長制家族」について次のように説明しています。

　　「〈近代家父長制家族〉とは，日本において典型的には「高度成長期」の主体的な推進力であった「モーレツ社員」「企業戦士」を陰で支えてきたような，「夫は仕事に力を注ぎ，妻は任された家庭を守る」という，性別役割分担型の家族である。「夫は仕事に，妻は家庭に」というこの性別役割分担型の家族システムは当然のように，女性は結婚後，少なくとも子供の出生後は家庭に専念することが好ましいとされ，したがって生涯的な仕事の能力の修得として高等専門教育は男子にのみ必須とされ，家族の名称（姓）は，対社会的に家族を「代表」する夫の姓とすることが「当然」である，とするような，一連の感覚系とモラルを形成し，またこのような感覚系とモラルによって再生産される」(NHK放送文化研究所（編），2015)。

　さらに，見田は「戦後世代」から「団塊世代」，「新人類世代」，「団塊ジュニア世代」へと世代を経る過程でみられる変化を〈近代家父長制家族〉のシステムと連動するメンタリティーの解体をいっせいに指し示していると指摘しています。つまり，その間，男女性別役割分担型を支持する人は大きく減少し，高等専門教育に関する男女の差はなくなり，夫婦別姓に対する抵抗も少なくなったということです。彼は，データとして「男女と家庭のあり方」に分類された「結婚観」「子どもの教育」などの諸項目にみられる30年間の日本人の意識の変化を次のように結論づけています。

　　「「高度成長期」の社会の要請する生の全域の生産主義的な手・段・化・＝合・理・化・，とりわけ社会の基底における集約としての〈近代家父長制家族〉のシステムと，連動する精神の全領域の，音を立てての解体である」(NHK放送文化研究所（編），2015)。

　つまり，従来の日本社会が求めてきた模範的家族像としての「近代家父長制家族」はもはや幻想にすぎず，今日の「家族」の変化は，確実に子どもの教育の諸相にも影響を及ぼすことに目を向ける必要があります。

2．教育と家庭・地域社会

　家族の人間関係の原理は，夫婦関係が「契約」によって，親子関係が「血縁」によって成立していることです。「夫婦関係」が選択的である一方，「親子関係」は非選択的であるといえます。文化人類学の知見によれば，伝統的社会（いわゆる「未開社会」および「ムラ」社会）では新生児が「親族」の一員として迎えられるためには，一定期間を経て，何らかの通過儀礼（加入儀礼）を行うことが一般的です。カトリック教徒の教会における「幼児洗礼」，イスラム教徒の「割礼」は，宗教的に「神─子」関係の成立はいうまでもなく，世俗的「親子の出自（＝血縁）」を共同体に認知してもらう社会的側面も含まれています。換言すれば，新生児は通過儀礼を通して，家族のみならず社会の成員として迎えられることになります。子どもは「出生」から共同体と密接に結ばれていたといえます。このように伝統的「家族」は，「親族（＝血縁集団）」および共同体の紐帯によって維持されていました。それは，子どもの子育て，しつけなどにおいても一定の役割を果たしていました。当然のことながら，「家族」において「親子関係」が夫婦間の男女関係より重視され，一次的に子どもを大人へと養育していく機能を中心に据えることを通して安定的システムになりえました。

　しかし，近代的「核家族」は，従来の「家族」と「親族」および共同体との紐帯を緩める代わりに「家族」のプライバシーを獲得し，「個別化・合理化」を目指すようになりました。その過程には様々な要因が複合的に絡み合っていますが，結果として，いわゆる「家族の個人化」が進行するようになりました。1960年代以後，フランス社会の事実婚（同棲カップル）の急増，アメリカ社会の離婚率の増加，1980年以後，日本社会の「近代家父長制家族」の解体過程などは，非選択的（＝血縁）な「親子関係」よりも選択的な「夫婦関係」を重視するようになったことを意味します。このような意識の変化は，子どもの養育を中心に性別役割分担に支えられたかつての「家族」が，今日において，「家族」その内部に不安定的要素を抱えるシステムへと変化しつつあることを意味します。

　上述してきた「家族」の変化をふまえたうえで，家族と教育に焦点を絞って考えるために，二つの資料を紹介します。「教育基本法」における「家庭教育」と「学校，家庭及び地域住民等の相互の連携協力」の記述です。ともに平成18年の改正による新設条項です。

（家庭教育）
第10条　父母その他の保護者は，子の教育について第一義的責任を有するものであって，生活のために必要な習慣を身に付けさせるとともに，自立心を育成し，心身の調和のとれた発達を図るよう努めるものとする。

　第10条は，今日の「家族（家庭）」の状況の変化を背景に，本来あるべき理想を喚起させていると解釈できます。「家庭教育」の意義，目的を明確にするとともに，子どもの教育に

ついて第一義的責任が父母やその保護者，つまり，「家庭」にあることを明記しています。同時にそれは，「学校教育」と「家庭教育」との役割について一線を画すことをも意味します。

> （学校，家庭及び地域住民等の相互の連携協力）
> 　第13条　学校，家庭及び地域住民その他の関係者は，教育におけるそれぞれの役割と責任を自覚するとともに，相互の連携及び協力に努めるものとする。

　さらに，第13条は，学校・家庭・地域住民（地域社会）の3者間の有機的な連携協力関係のもとで教育が行われるべきで，それぞれが果たすべき役割と責任を自覚するということです。近代の日本社会においては，子どもの養育・教育の諸場面において家庭のみならず「親族」および「共同体」が様々な形で介入していました。学校教育が普及するようになってからは，家庭教育との役割分担がその前提とされていました。

　しかし，高度成長期以後の工業化，都市化，情報化は，子どもの養育・教育に対して「家庭」および「地域社会」が担っていた役割の変化を余儀なくさせられました。さらに，1990年の合計特殊出生率「1.57ショック」以来，少子化問題は未だに改善されていません。

　かつてのように，近隣の子どもたちが自然に「異年齢集団」を成し，路地裏を遊びまわることもなければ，「伝承遊び」に興じる文化も失われてしまいました。それは，遊びを通して，子どもが日常的に対人スキルや人間関係の学習の「場」として機能していた「地域」の喪失をも意味します。3世代家族も減少し，子どもが親以外の大人とかかわる機会も相対的に少なくなりました。地域社会の人々の間で維持されてきた様々な人間関係は希薄になり，従来の「共同体」としての機能をもはや期待できなくなりました。

　文部科学省は，このような社会的背景を「家庭・地域の教育力の低下」と表現しています。つまり，本来あったはずの「家庭・地域社会の教育力」の再生を目指すべきという考え方です。学校・家庭・地域社会の役割と連携のあり方を模索する場合，教育が各々の「家庭」の個人的問題であると同時に社会全体の問題でもあると認識することが必要といえます。また，今日の地域社会を構成する人々の多様性にも配慮すべきです。たとえば，グローバル化による外国人居住者，障害者など，実に様々な背景をもった住民が生活をしていることを忘れてはいけません。

参考・引用文献
アンダーソン，B　白石隆・白石さや（訳）（1983／1997）『増補 想像の共同体——ナショナリズムの起源と流行』NTT出版
江淵一公（1982）「教育人類学」祖父江孝男（編）『現代の文化人類学——医療人類学・映像人類学・教育人類学』至文堂
藤田英典（2005）『義務教育を問い直す』筑摩書房
広田照幸（2009）『ヒューマニティーズ教育学』岩波書店
イリッチ，I　東洋・小澤周三（訳）（1970／1977）『脱学校の社会』東京創元社
イタール，J.M.G　中野善達・松田清（訳）（1978）『新訳アヴェロンの野生児——ヴィクトールの発達と教育』福村出版

NHK放送文化研究所（編）(2015)『現代日本人の意識構造〔第八版〕』NHK出版
大澤真幸・塩原良和・橋本努・和田伸一郎 (2014)『ナショナリズムとグローバリズム――越境と愛国のパラドックス』新曜社
白川静 (2004)『新訂字統』平凡社

第2章
幼児教育思想の歴史

◆この章で学ぶこと
- 幼児教育思想の基盤となる子ども観について,歴史的な視点から考察を深める。
- 近代教育思想の系譜から,今日の幼児教育に共通する理念を探る。
- 日本の幼児教育に足跡を残した倉橋惣三について,その事績を学ぶ。

1 「子ども観」の今昔

1. 今日の子ども観

　私たちが子どもという存在をどのようなものとして理解しているか,その見方を「子ども観」といいます。たとえば,「子どもは遊ぶのが仕事だよ」などと大人から言われた経験をもつ人,あるいは子どもに向けて言った経験のある人は少なくないでしょう。子どもは元気に遊ぶべき存在であるというとらえ方,それも一種の子ども観です。しかし,かつては日本でも裕福でない多くの家庭では,10歳にも満たない子どもが日常的に幼い弟や妹の面倒をみたり,農作業や家事を分担したり,そのために学校に行くこともできなかったりという光景は一般的なものでした。「子ども観」は決して一定不変ではなく,時代や社会によって異なってくるものです。

　今日,私たちは大人とは異なる存在として子どもを認識しています。それは単純に,大人にくらべて身体が小さいとか,知識や技術など能力面が未熟であるというような不足の面だけをとらえているのではありません。子どもには,子ども時代にしかもちえない豊かな感性があることや,子ども時代にこそ必要な経験があることなど,むしろ子どもという時期に積極的な意義を見出している場合も多いのです。

　1989年に国際連合総会で採択された「児童の権利に関する条約」の前文には,子どもが「その人格の完全なかつ調和のとれた発達のため,家庭環境の下で幸福,愛情及び理解のある雰囲気の中で成長すべきである」ことが謳われています。かつては保護の対象でしかなかった子どもが,権利の主体へと変化してきたことも,今日における子ども観の特徴の一つといえるでしょう。

　社会における子どもへの認識は,法のなかにも表現されます。たとえば,労働基準法には「年少者」に対する規定が設けられていて,「満十五歳に達した日以後の最初の三月三十

一日が終了するまで」は，原則として就業させてはならないことが定められていますし，少年法においては14歳未満の少年による犯罪は刑事責任を問えないことが定められています。これらは，まだ身体的・精神的に発達途上にある子どもに対しては，大人とは異なるルールによって守り育てる必要があるという子ども観が私たちの社会に存在していることの反映といえます。

2．「小さな大人」としての子ども

　子ども観の問題を歴史的な観点から論じるとき，アリエスの『〈子供〉の誕生』がしばしば引かれます。アリエスは，西洋社会において描かれた絵画の歴史的分析から，中世における子どもの描かれ方に，近代以降のそれとは大きな違いがあることを見出しました。

　アリエスによると，11世紀から13世紀頃の絵画に描かれた子どものすがたは，身長の低さ以外に子ども固有の特徴が表現されておらず，「背丈の低い大人」のような描かれ方をしていました。アリエスはこれを絵画の技術的な問題ではなく，「この世界のなかに子供期にとっての場所があたえられていなかった」ととらえました。子どもとして大人から特別の保護や寵愛を受けられる期間は，それを受けなければ生きていけないほどに無力な時期に限定されており，その期間を過ぎるとすぐに，子どもは大人たちと一緒にされ，仕事や遊びを共にしていたのです。

　今日では，ひとくちに子どもといってもその年齢や発達の状態によって大きな差があることは自明視されていますし，発達に差のある子ども同士を何の配慮もなく同等に扱うことは決して教育的でないことを多くの人が理解しています。しかし歴史をさかのぼれば，そのように段階を経て発達していく子どものことなど顧みられず，一刻も早く大人の仲間入りをして労働力となることが期待されていた時代もありました。

　子ども観の差異を生み出す背景の一つとして，かつての社会は出産率が高くかつ子どもの死亡率も高かった多産多死型の社会であった事情もあげられます。そのような社会では，多くの親にとってわが子の死を経験することは決して珍しいことではありませんでした。16世紀の哲学者モンテーニュは，「私はまだ乳呑み児であった子供を二，三人亡くした。痛恨の思いがなかったわけではないが，不満は感じなかった」と述懐していますし，17世紀の劇作家モリエールも「私の子供たちは，みな乳児期に死んだ」と書いています。数少ないわが子を大切に育てようとする現代とは，子どもに対する見方も大きく異なっていたことが想像されます。

3．「発見」された子ども

　「子どもの発見者」としてよく知られているのはルソーです。ルソーはその著『エミール』において，「人は子どもというものを知らない」，「とにかく，まずなによりもあなたが

たの生徒をもっとよく研究することだ」と読者に呼びかけました。ルソーは、大人になるまでの発達の過程を段階的に区分し、それぞれの段階における子どもの特性をふまえた理想の教育のあり方を論じました。その画期的な内容とセンセーショナルな語り口は多くの読者の共感を呼び、いつしかルソーをして「子どもの発見者」という評価を定着させるにいたったのです。

しかし、ルソー以前に子どもを「発見」できた人が誰もいなかったわけではありません。16世紀初頭に活躍した知識人エラスムスは、当時学校で横行していた体罰の様子を次のように述べています。

　「「そこは学校ではなく拷問部屋だ」と言われております。その側においては、鞭の音の響きとか、鞭打ちの音の響きとか、泣き叫ぶ声やすすり泣きの声とか、嫌悪すべき彼らの脅かしの声しか聞こえてこないのです」（エラスムス, D. 中城進（訳）, 1994）。

エラスムス自身はこうした鞭による教育を否定し、遊びを通じて子どもの学習意欲を喚起することや、不名誉を恥じ賞賛を求めて努力するように導くことなど、子どもの内面へのはたらきかけを重視しました。肉体的な苦痛をともなう強制によって子どもを導こうとすることが本当の教育でないことを、エラスムスは気づいていたのでしょう。

コメニウスもまた、ルソー以前に子どもを「発見」していた一人といえます。不安定で激動の時代であった17世紀のヨーロッパに生きたコメニウスは、あまねく知識を網羅する「汎知学」の樹立と普及を目指し、教育活動に取り組みました。彼の主著『大教授学』の冒頭には、「教える者にとっては、教える労苦がいよいよ少なくなり、しかし、学ぶ者にとっては、学びとるところがいよいよ多くなる方法、学校に鞭の音、学習へのいや気、甲斐ない苦労がいよいよ少なくなり、しかし静寂とよろこびと着実な成果とがいよいよ多くなる方法……」と記述されています。教授方法の工夫によって学びを楽に、かつ楽しくさせること、そういう願いが『大教授学』には込められていました。

コメニウスが学習の具体的方法として提案したのは、ある事物について学ぶ際、事物の名称や概念を言葉で伝えることよりも先に、事物そのものを視覚的に認識させることの重要性でした。また、教授の順序として、簡単な内容から徐々にむずかしい内容へと進む、教育内容の配列にも配慮が必要なことを示しました。現代にも通じる学習指導の原型を、コメニウスの思想のなかにみることができます。

コメニウスは、自らの教育思想を反映させた絵入りのテキスト『世界図絵』を出版しました（図2-1）。このなかにはコメニウスの考える「世界における主要な事物のすべてと、人生における人間の諸活動」がイラストで表現され、その名称や説明が付記されています。子どもたちの目には、まずイラストで表された事物が認識され、その後で名称やはたらきを

図2-1 野菜
出所：コメニウス，J.A. 井ノ口淳三（訳）1988, p.25

学ぶことになります。今日では当然になった絵入りテキストですが，さかのぼれば子どもの学習を楽にしてやりたいというコメニウスの思想に行き着くのです。

2 近代幼児教育思想の源流

1．幼児期における学びの原点——『エミール』の教育思想

　近代幼児教育思想についての理解を深めていくにあたって，前節でも紹介した『エミール』について今少しみてみましょう。『エミール』は，同名の主人公の生涯にわたる成長を描いた物語であり，著者のルソー（図2-2）はエミールに対し，自らが理想と考える教育を与えてその成長を見守ります。小説という架空の舞台であるがゆえに，現実の制約から離れて，現実ではありえない教育が展開されますが，それがかえって教育の本質を描き出すことに成功し，多くの読者の共感を得ました。ここでは，本書のなかで提示されたルソーの教育論のうち，経験教育論と消極教育論についてみていきましょう。

○経験教育論

　ルソーの教育論の出発点には，すべての学習は経験を通して行われるという原則があります。「人間は何ももたずに生まれる」と述べているように，ルソーは人間の生得観念を否定する立場から教育論を構想しました。ただしこの考え方自体は，「白紙説」で知られるイギリスのロックという哲学者が提唱した経験論哲学にすでに現れているものです。

　「白紙」状態で生まれた人間はどのようにして学んでいくのでしょうか。ロックは，人間の獲得するすべての観念は「感覚」もしくは「内省」のいずれかによって得られるものと

考えました。しかし,「内省」という作業にはある程度の成熟を必要とするため,学習のプロセスはまずは「感覚」から起こり,そして成熟の後に「内省」へと進むことになります。

ルソーも同様に考えました。そして,子どもの発達段階に応じて与えられるべき必要な経験とは何かが,『エミール』のなかで詳細に論じられることになります。たとえば,ルソーは自然の要求に従って子どもを教育することが重要であると強調しました。子どもが思うままに飛び跳ねたり,駆けまわったり,大声を上げたりするのは,すべて体が強くなろうとする自然の要求に沿ったものであり,これを無理に押し込め

図2-2 ルソー(1712-1778)

るようなことをしてはならないと言うのです。もちろん,子どもの欲求すべてが正しいというわけではなく,なかには気まぐれによる欲望や行き過ぎた欲望もあるため,それを見きわめることが必要であるとされています。

「何ももたずに生まれる」人間であるからこそ,生まれた後の学習が重要な意味をもちます。子どもにどのような経験を与えることが必要かを考察し,そのための環境を構成することは,現代の保育者に求められている能力でもあります。

○消極教育論

通常,教育は人を"善くする"ために行うものですが,ルソーは,当時の社会では,人間は教育を受けて成長することによりかえって悪くなっていくと考えました。支配と服従の観念,他人よりも抜きん出たいという利己心,生活にとってなんら有益なものをもたらさない単なることばだけの知識等,こういった「悪徳」ばかりを身につけていくことになるというのです。成長すればするほど人間を悪いものに変えていく社会,それこそがルソーにとっての大いなる敵でした。

「あなたの子どもの魂のまわりに,はやく垣根をめぐらしなさい」とルソーは警告します。教育によってつくられる人間にとって何よりも重要なことは,有益な何かを教えこむことよりも,悪影響を及ぼす要因から子どもを遠ざけることだというのです。上述したように,子どもには自らを強く育てようとする自然な欲求が備わっています。それを人間は,自然の法則に逆らうように子どもに不自然なことばかりを強いているため,手をかけようとすればするほど子どもが悪くなっていくというのです。

ルソーの主張には極端な部分もありますが,現代に生きるわれわれにとっても考えさせられるところは大いにあるのではないでしょうか。子どものためを思ってやっているつもりでも逆に子どもを悪くしてしまっていることはないだろうか,そうした反省的思考に立つことの必要性を,消極教育論は教えてくれます。

2．幼児教育と母性——ペスタロッチの思想と実践

　母親がわが子に対してもつ母性愛について，私たちはあまりにも当然視しすぎているのかもしれません。歴史的にみれば，それは近代社会の産物という一面をもっていることがうかがえます。

　18世紀以前のヨーロッパ社会においては，母が子に対して無関心であるのが一般的だったといわれます。それが18世紀に入り，近代市民社会の形成や近代資本主義の進展といった要因を契機として，労働力としての女性，子を産む役割をもった女性という観点がクローズアップされるようになりました。18世紀後半には，女子教育に関する書物や，母親に対し自分の子どもの世話をするように勧める書物が数多く出版されるなど，女性や母性のあり方に対する歴史的な転換が生じたのです。

　前項で検討した『エミール』も，こうした文脈に位置づけることができます。『エミール』の冒頭には，この書物が「ひとりの，ものを考えることができる，よき母を喜ばせるために」書かれたものであることが述べられ，なぜ子どもの最初期の教育に女性（母親）が携わるべきなのかが力説されています。母という存在を教育の前面に立たせたという点においても，『エミール』は画期的な教育書だったのです。

　さて，その『エミール』を愛読し，ルソーの思想に多大な影響を受けてその生涯を教育実践に捧げた人としてペスタロッチがいます（図2-3）。メトーデと呼ばれる教育方法の開発者として，また人間愛に溢れた教育者として，そして近代教育学の祖として，様々な角度からペスタロッチの思想と実践は高く評価されてきました。ここでは家庭教育，とりわけ母性愛による教育の重要性を強調したペスタロッチの幼児教育思想の特徴についてみていきましょう。

　教育は子どもの誕生後すぐにはじめられなければならない，そして母親には自然にそなわっている教育力がある，これらの確信がペスタロッチに家庭教育や母性愛を重視させる出発点となりました。母親は，まだ無力な子どもの欲求を満たし，子どもにとって不快なものを遠ざけ，子どもの手足となって助ける存在です。世話をされた子どもの心には，母親への愛，感謝，信頼の情が生まれ，これらの感情が母親を越えてさらに周囲の人々へと拡大されていくのだとペスタロッチは考えました。

　子どもの知的発達にあたっては，ペスタロッチはあらゆる認識の基礎にある「直観」の教育を重視しました。ペスタロッチの著した『育児日記』には，子どもを谷に連れて行き，水が山を下って流れていくことや，木は水に浮くが石は沈むことを，実際に見せながら教えている様子が記述されています。子どもが概念を理解するためには，意味のわかっていない言葉を暗記させることよりも，まず事物そのものに触れさせ，感じさせることが重要であると考えたのです。もちろん，このときには子どもの興味や関心も重要な要素です。す

べての学習は，生気や喜びが失われた状態で行われても何の価値もないとペスタロッチは考えました。

子どもが事物から直接的に受け取る直観は，最初はあいまいなものです。このあいまいな直観を明瞭な概念へと高めていくために，ペスタロッチは「数」「形」「語」の三要素を重視しました。あるものを目にしたとき，それがいくつあるのか，どのような形をしているのか，そのものの名前は何であるか，これらを認識させることにより子どもの理解にくっきりとした輪郭ができます。これを教えることが，母親に期待された教育的役割でした。

図2-3　ペスタロッチ（1746-1827）

しかし，その実現には問題も多くありました。何より，ペスタロッチが期待した母親像を体現できる女性は，その当時ほとんどいなかったのです。ペスタロッチは，本来もっている母親としての教育力を自覚できていない女性たちに，母性愛の重要性を啓蒙する必要を認めました。母性愛はもはや母親に自然にそなわるものではなく，教育によって形成されるべきものとして，ペスタロッチの認識は変容していきます。ペスタロッチがその教育実践に努めたイヴェルドン学園には，女子学校が付設され，母親教育，女子教育が行われました。また，母親にかわって乳幼児を教育するキンダーハウスの必要性についても言及しています。母親が子どもを導く最初の教育者となること，その実現を目指したペスタロッチの実践は，決して簡単な道のりではなかったことがうかがえます。

3．幼児教育における「遊び」の意義──フレーベルの教育思想と恩物

ペスタロッチが教育理論の構築と教育実践に日々いそしんでいたスイスのイヴェルドンには，ヨーロッパ中からペスタロッチの教授法を学びに様々な人々が訪れていました。そのなかに，まだ青年であったフレーベルの存在もありました。フレーベルは，ペスタロッチの考え方やその実践に感銘を受け，自らも教育実践の道へと踏み出した人です（図2-4）。

教育を一生の仕事と決めたフレーベルが対象としたのは，幼児教育でした。フレーベルは，独自の人間理解，世界理解により，彼自身の教育理論を構築しました。子どもをその本性にあるところの法則に従い，生命や自然と融合すること，また世界のあらゆる現象の背後には，球の性質に象徴されるような統一性がひそんでいること，

図2-4　フレーベル（1782-1852）

フレーベルはこのような考えに基づき，それを「球体法則」と呼びました。
　フレーベルは，幼児期においては「あらゆる善の源泉は遊戯にあり，また遊戯からあらわれてくる」と考え，遊びのもつ意義について次のように言っています。

　　「しっかりと，自発的に，黙々と，忍耐づよく，身体がつかれるまで根気づよく遊ぶ子どもは，きっと，また有能な，黙々として忍耐づよい，他人の幸福と自分の幸福のために献身する人間になることであろう。この時代の幼児の生活のもっとも美しい姿というのは，遊んでいる子どものことではなかろうか。――遊戯に没頭しきっている子どものことではなかろうか。――遊戯への完全な没頭の後に眠り込んだ子どものことではなかろうか」（フレーベル　岩崎次男（訳），1973）。

　こうしたフレーベルの思想に基づき，乳幼児のためのおもちゃとして考案されたのが「恩物」です。恩物には，毛糸など柔らかい素材でできた球形の第一恩物（図2-5），硬い木でつくられた球・円柱・立方体のセットになっている第二恩物（図2-6），8つの立方体により一つの大きな立方体を形づくっている第三恩物（図2-7）など，いくつもの種類がありま

図2-5　第一恩物　六球法
出所：お茶の水女子大学デジタルアーカイブズ

図2-6　第二恩物　三体法
出所：お茶の水女子大学デジタルアーカイブズ

図2-7　第三恩物　積木
出所：お茶の水女子大学デジタルアーカイブズ

す。子どもの成長に合わせ，遊びながら認識力や想像力，表現力を高めていけるようにつくられています。

フレーベルは「幼稚園の創設者」ともいわれます。今日，英語で幼稚園は kindergarten ですが，これはフレーベルが自身の設立した施設に名づけたドイツ語の名称そのままです。

1852年のフレーベルの死後，ヨーロッパ，アメリカそして日本へもフレーベル主義の幼稚園は拡がっていきました。幼稚園教育が「遊びを中心としての指導」によって成り立つことが，今日の「幼稚園教育要領」にまで受け継がれているように，フレーベルの思想は今も幼児教育の世界に大きな意味をもち続けています。

3 日本の幼児教育と倉橋惣三

1．日本の近代化と幼稚園教育のはじまり

日本では，19世紀後半の開国，幕府崩壊の過程を経て明治新政府による近代化政策が推し進められました。国家富強を目指した日本の近代化政策は，欧米をモデルとして展開されることになり，それは教育においても同様でした。1876年に設立された東京女子師範学校附属幼稚園が日本で最初の幼稚園となりますが，ここでの教育内容や方法は当時積極的に収集されていた海外の教育情報に頼るところが大きかったのです。

もちろん日本にも伝統的な子育ての慣習や育児に対する考え方はありました。妊娠から出産，そして子どもの成長の節目に行われていた様々な行事は，たとえば「七五三」のように今日まで受け継がれているものもあります。一方で，現代の人々からすれば意外に思われるかもしれない育児観ですが，江戸時代では父親の子育て参加が決して特殊な事例ではありませんでした。武家にせよ農家にせよ，自らの家督・家業をしっかりと次の世代へつないでいくことが，江戸時代においてはきわめて重要な責務でした。その責務を果たすために父親が積極的にわが子の教育にかかわることは，至極当然の理であったといえます。ただし，この場合教育が重要視されるのは家業を継ぐことになる男子であって，女子への教育は男子にくらべはるかに軽視されていたことも確かです。

代わって近代の初頭には，女子教育論が盛んになりました。先述した日本最初の幼稚園の摂理（校長にあたる）でもあった啓蒙思想家中村正直は，「善良なる母を造る説」（1875）において，子どもを善くするためには母親が善くなければならないこと，そして善い母親にするためには女子教育が重要であることを論じ，教育は男女同等であるべきことを主張しました。すなわち，当時女子教育の必要性は，優れた母となる女性を養成することに主眼がおかれており，東京女子師範学校附属幼稚園の設立もそうした母親教育の実践の一環という性質を強くもっていたのでした。

この幼稚園では当初，恩物を用いた指導などフレーベル主義に基づく実践を行っていましたが，遊んでばかりで何も学ばせてくれないという親からの不満を背景として，1881年からは読・書・算といった学習指導も行うようになり，小学校の予備校のような性質をもつようになります。このように日本における幼稚園教育は，海外から受容した教育情報の反映として表れてくる一面と，国内の事情によって修正を余儀なくされていく一面とが絡み合いながら展開したのでした。

2．倉橋惣三の幼児教育思想

　戦前・戦後を通じて日本の幼児教育界をリードした倉橋惣三という人がいます（図2-8）。倉橋は，1910年に東京女子高等師範学校講師に就任すると，アメリカの幼稚園改造運動に学びながら保育理論研究を進め，幼児の生活を本位とする保育理論（いわゆる「誘導保育論」）を構築しました。また，戦後初めての幼稚園教育の手引き書である「保育要領」の作成にかかわるなど，現代日本の幼児教育改革に多大な影響を及ぼした人物です（表2-1）。

　倉橋は保育理論の構築と幼児教育改革の両面において幼児教育界に多大な貢献をしており，「倉橋を抜きにして戦前・戦後の日本の幼児教育を語ることはできない」とまでいわれます（湯川，1999）。死去から半世紀以上が経過した今日においても，倉橋の思想や実践から現代の幼児教育に対する示唆を得ようと，多くの研究が生み出されています。

○フレーベルに学ぶ

　倉橋が本格的に保育研究をはじめることになったのは，東京女子高等師範学校講師に任じられた1910年頃からといわれます。講義の合間に同校の附属幼稚園に保管されていた幼稚園書を読みふけるうちに，フレーベルの基礎研究をはじめるようになりました。文部省から在外研究員として欧米に派遣された際には，ドイツでフレーベルの遺跡巡礼も行っています。

　19世紀末から20世紀初頭にかけて，欧米ではフレーベル主義幼稚園をめぐる厳しい批判が展開され，幼稚園改造の動きが生まれていました。従来のフレーベル主義にみられる恩物への固執や子どもの能力を超えた象徴主義に対する批判が，強力に展開されたのです。こうした動向に学んだ倉橋も，当時の幼稚園教育のあり方を批判的にとらえるようになりました。しかしそれは，フレーベルから離れようとしたのではなく，フレーベルの根本精神に立ち返ることを目指したものでした。

　倉橋はフレーベルを，「思想的に幼児を理解したのみならず，実際に，幼児と親しみ，幼児と同化し，幼児の心をもつて遊びを共にすることの出来た人である」と評価し，フレーベル自身の子どもに対する姿勢に幼児教育の真の姿をみようとしました。倉橋は，子どもそのもののあり方のなかに子どもの価値を認め，幼い子どもであっても尊厳をもった一人の人間として向き合うべきだと考えたのです。子どもから学ぶこと，倉橋はこれをフレー

第 2 章　幼児教育思想の歴史

図 2-8　倉橋惣三先生と園児
出所：お茶の水女子大学デジタルアーカイブズ

表 2-1　倉橋惣三略年譜

1882（明治15）	静岡市で生まれる
1906（明治39）	東京帝国大学哲学科卒業
1910（明治43）	東京女子高等師範学校講師となる
1917（大正6）	東京女子高等師範学校教授となり、附属幼稚園主事を兼務
1919（大正8）	文部省の在外研究員として欧米留学（2年間）
1926（大正15）	『幼稚園雑草』を出版
1931（昭和6）	『就学前の教育』を出版
1934（昭和9）	『幼稚園保育法真諦』を出版
1936（昭和11）	『育ての心』を出版
1946（昭和21）	教育刷新委員会委員となる
1948（昭和23）	保育学会を創設（初代会長となる）
1954（昭和29）	『子供讃歌』を出版
1955（昭和30）	死去

ベルによる最大の格言の一つとして受けとめ，幼児教育の理論と実践の進展につなげていきました。そうした倉橋を指して，「日本のフレーベル」とも呼ばれます。
○誘導保育の思想
　1919年，文部省の在外研究員として二年間の欧米留学の機会を得た倉橋は，幼児教育に関する知見をさらに深めました。この留学の結果，倉橋は「個人を個人として教育すると云ふ旧い目的に対して，個人を社会の一員として教養する」ことを目的とする教育への転換を主張するようになるなど，その保育理論に新たな展開をみせるようになります。

それはすなわち，子どもの自発的な興味を活動の出発点におく教育方法では，結局のところ，子どもに過程も結果もない気紛れの感情本位の生活を送らせることになってしまう。そのように行き先がどこになるかわからないような生活ではなく，生活活動の結果というところを見据えた目的をもった活動（目的活動）が必要であるという理解を示すようになったのです。

　しかし，目的が先行し，教育が子どもの自発的な興味から離れてしまっては意味がありません。倉橋の考える幼児教育は，あくまでもその根源に子どもの自然のままの生活をおいたものでした。

　　　「私は時々こんなことを考へます。幼稚園へ子供を来させるのでなく，こちらから子
　　　供の遊んでゐるところへ出向いていつたらどんなものだらうかと。（中略）さうしたら
　　　子供の真の生活形態のまゝで教育を随所にすることが出来るわけです」（倉橋惣三, 1934）。

　倉橋は，この『幼稚園保育法真諦』において誘導保育論の理論的体系化を図りました。「教育の場所である前に，子供の場所であるのが幼稚園」というのが倉橋の考えでした。そして，教育者はもちろん目的をもって活動に臨むのですが，その目的をいきなりふりかざすのではなく，まずは自然な生活の状態を形づくっておいて子どもの「自己充実」を目指すことが第一とされました。

　そのうえで，子どもが自分の力だけでできないでいるところを助ける「充実指導」，子どもの興味を刹那的な衝動で終わらせず系統的な学びへとつなげる「誘導」，最後の付加的な援助としての「教導」，という過程を経て進められるのが誘導保育論です。子どもの生活の尊重を第一とし，教育活動の目的は子どもからはみえないように，子どもの興味を妨げることのないようにというのが，その核心でした。

3．現代の幼児教育と倉橋惣三

　敗戦後，混乱のなかで教育基本法や学校教育法が成立し，教育の方向性に一定の指針が与えられました。それらの法整備を受けて，幼児教育においては文部省が1948年に「保育要領」を作成します。これは前年小中学校向けに作成された「学習指導要領」の幼児教育版ともいうべきもので，幼児教育の理念や幼児の発達の特質，保育の内容等について具体的に示したものでした。

　倉橋は，この「保育要領」の作成に中心的な立場でかかわることになります。倉橋の意見がどの程度「保育要領」に反映されたかは評価の分かれるところではありますが，「保育要領」刊行後，倉橋自身が「本要領に盛られている考え方は，僕が30年前に考えていたことなんだよ」と喜んでいたところからすると，本冊子に倉橋の思想が十分反映されている

ことがうかがえます。

　幼児教育の基準としては，その後1956年に「幼稚園教育要領」が，1965年に「保育所保育指針」が策定され，今日にいたるまで数度の改訂を繰り返してきました。改訂はそれ以後の幼児教育の方向性を決定づける重要なものであるため，その内容をめぐって議論が起きることも珍しくありません。

　たとえば1989年の「幼稚園教育要領」改訂（「保育所保育指針」は1990年）は，それまで六領域（健康，自然，社会，言語，音楽リズム，絵画製作）であったものが五領域（健康，言葉，人間関係，環境，表現）に改められるなどの大きな変化がありました。この改訂作業に携わったある人物は，今回の改訂は倉橋の唱えた保育論の原点に立ち返ったものであると評価しましたが，それに対し幼児教育研究者から改訂の内容は決して倉橋の思想に立ち返ったとはいえないという批判も出されました。

　ここではその評価や批判の妥当性については論じませんが，倉橋の死後30年以上が経過していたにもかかわらず，「幼稚園教育要領」の改訂の方向性が倉橋の思想に沿ったものであるかどうかで議論が起きていたのです。改めて，倉橋が幼児教育にもたらした功績の大きさを感じずにはいられないでしょう。幼児教育関係者にとって，倉橋の残した足跡を学ぶことは，今日においても古くて新しい課題であり続けているのです。

参考・引用文献

アリエス，F（1980）『〈子供〉の誕生——アンシャン・レジーム期の子供と家族生活』みすず書房
コメニウス，J.A　井ノ口淳三（訳）（1988）『世界図絵』ミネルヴァ書房，p.25
エラスムス，D　中城進（訳）（1994）『エラスムス教育論』二瓶社
フレーベル　岩崎次男（訳）（1973）「人間の教育」梅根悟（編）『世界教育学名著選　8』明治図書
原聰介・宮寺晃夫・森田尚人・今井康雄（編）（1999）『近代教育思想を読みなおす』新曜社
林信弘（1987）『『エミール』を読む——ルソー教育思想入門』法律文化社
石村華代・軽部勝一郎（編著）（2013）『教育の歴史と思想』ミネルヴァ書房
倉橋惣三（1934）『幼稚園保育法真諦』東洋図書
中江克己（2007）『江戸の躾と子育て』祥伝社
乙訓稔（2010）『西洋近代幼児教育思想史』東信堂
小澤周三・影山昇・小澤滋子・今井重孝（1993）『教育思想史』有斐閣
坂元彦太郎（2008）『倉橋惣三・その人と思想』倉橋惣三文庫9，フレーベル館
柴田純（2013）『日本幼児史——子どもへのまなざし』吉川弘文館
荘司雅子（1975）『フレーベルの生涯と思想』玉川大学出版部
諏訪義英（1992）『日本の幼児教育思想と倉橋惣三』新読書社
鈴木由美子（1992）『ペスタロッチー教育学の研究』玉川大学出版部
植山つる他（編）（1978）『戦後保育所の歴史』全国社会福祉協議会
湯川嘉津美（1999）「倉橋惣三の人間学的教育学——誘導保育論の成立と展開」皇紀夫・矢野智司（編）『日本の教育人間学』
　玉川大学出版部

第3章
教育制度の成立と幼児教育の展開

◆この章で学ぶこと
・江戸時代の子どもへの眼差しと歴史的基礎を知る。
・近代学校制度の成立にともなう幼稚園の制度的変遷と託児所の普及過程を理解する。
・新しい教育の潮流と保育内容の制度的変遷についての基礎的事項を知る。

1 江戸期における子どもの教育

1．江戸期の子どもの生活

　江戸時代の子どもの生活について概観し，明治以降の子どもの教育との違いを知るための手がかりとしましょう。

　日本で江戸時代が徐々に終わりを迎えようとしていた頃，ドイツではフレーベルが1840年に世界で初めての幼稚園を創設し，幼児教育の取り組みをはじめていました。一方日本の江戸時代における子どもの教育は，主に家庭の生活を中心に社会とのかかわりのなかで行われていました。当時の大人たちは，教育に適する年齢ではない子どもを「幼児」や「幼子」としてとらえていました。この「幼児」からさらに年少の乳児は「幼児」の概念からも外されていました。幼児は数え年の3歳から7歳ぐらいの時期の子どもを指していました。当時はこの年齢の子どもを対象とした教育施設は存在しておらず，簡単な知識や文字が家庭において教えられていました。現在でいう幼児期に該当する時期は厳格な教育を行う時期としてあまり意識されていませんでした。それは，幼少のため家庭から出すことが困難であったということもありました。そして，7歳頃から少しずつ機会をみて年長者と共に寺子屋にいって手習いを受ける子どもが存在するようになります。

○子どもへの眼差し

　当時の大人たちは，子どもの心の芽生えが3歳より起こりはじめるという考えによって，「三歳児の魂百まで」といわれるように，その年齢より形成された習慣が大人になっても維持されるということを重要なこととしていました。こうした考えから，子どもたちが木々のように柔軟性があり物事を吸収する時期として，また基本的な生活習慣を獲得する時期として3歳頃の子どもたちへの「しつけ」に着目しています。このように，3歳を一つの軸とする子どもへの眼差しの向け方がありました。

しかし，江戸時代は，基本的には武士階級や裕福な商人，農民というように階層化された社会構造であったため，各々の子どもたちへの教育も異なっていました。一部の裕福な家庭では家庭内において知育教育への取り組みを行っていたり，文字を書くことを遊びを通して学ばせる遊戯的な教法や無理に教えるのではなく子どもの自然な興味を重視する教法なども提唱されたりしていました。そして，子どもの遊びについても遊具の数が増えていき，絵本が出版されるなどその内容も変化してきました。遊具については竹や木，紙を材料にした製品がつくられ，竹馬やたこあげ，はねつきなどの遊びを行う子どもの姿を絵画などにみることができます。絵本については新しい物語がつくられたり，おとぎ話が定式化するなどして広まっていきます。しかしながら，一部の武士や裕福な庶民層を除いては，当時の人口の大部分を占めた農民層を中心に大人たちは日々の生活を送り生きていくことに必死だったため，子どもへの教育にまで充分な意識を向けることが困難であったとされています。

2．子どもを保育する施設の構想——幻心と佐藤信淵

　子どもたちの生活や学びに関心をもった人々には，家庭内で充分に教育を受けることができない子どもたちに対して，教育や保育の機会を提供しようと考えた人もいました。

○幻心の取り組み

　京都では布袋屋徳右衛門（幻心）が自宅を開放して子どもたちを遊ばせていたとされています。この幻心の取り組みは，永井堂亀友が記した「小児養育気質」にその話の記述があります。幻心は，壁には絵の描いてある幕を張って，畳の上には布を敷くなど従来の畳敷きの部屋の改造を施し，子どもたちが集まることができる空間をつくりました。ここに1歳から8歳までの子どもがおよそ50人ぐらい集まり，彼らが遊ぶことができるように人形などの遊具も準備していました。また，けがなどがないように監視する人間や医師を配置し，4歳以上の子どもにはまんじゅうを，3歳以下の子どもにはしる飴をおやつとして提供していました。この幻心の取り組みは，伝聞を書き記したものとされているため，事実は定かでない部分もあります。しかし，このように開放された場所で子どもたちがのびのびと遊び過ごせる機会が提供されていたと伝えられていることを考えると，当時の社会状況からも先駆的な取り組みであったと思われます。

○佐藤信淵の保育施設構想

　また，佐藤信淵は子どもを教育する施設の構想を『垂統秘録』の「小学校編」において述べています。この編は小学校に関する彼の構想を述べたものですが，ここに「慈育館」と「遊児廠（しょう）」という幼稚園と保育園に該当する施設に対する考えがあります。彼が構想した「慈育館」と「遊児廠」についてみてみましょう。

第3章　教育制度の成立と幼児教育の展開

○「慈育館」

　彼は「慈育館」を保護者の養育が困難な乳児を中心に養育する「官署」として設置することを提唱し，1万石の土地のある地域に3カ所ほどを置くことを想定していました。また，一つの部屋に4歳から5歳の幼児を7人から10人ほど集めて世話することも考えられていました。子どもたちの世話をする人たちは，近隣の農村に住む老人や体が弱く労働作業に従事できない男女が行うこととしていました。「慈育館」の管理は，役人が行うこととし，受け入れた乳幼児の管理を行うこととしました。そして，保護者は預けた子どもに毎日面会することも可能とし，必要があれば「慈育館」から個々の子どもたちの家庭に戻すこともできました。そして，子どもたちの衣食については官より給付すること，乳児については生まれてから18か月はほ乳することなど細かな事柄について考えをまとめていました。この館ではおおよそ5歳までの乳幼児を対象として，保護者より預けられた子どもたちの養育を行う場所として計画されていました。

○「遊児廠」

　一方，「遊児廠」は，4歳から7歳ぐらいまでの子どもたちを対象として，「小児を遊楽せしむる」施設として構想されていました。「遊児廠」も「慈育館」と同じように，「官署」によって設立し，1万石の土地に20カ所ほど置くことが想定されていました。そして，子どもたちの世話も近隣の老人などによって行うこと，衣食についても官から給付することを「慈育館」と同じように構想していました。「遊児廠」が対象とした子どもは，「慈育館」からくる子どもを受け入れることと保護者の養育を受けることが可能な子どもを日中受け入れて保護者の仕事を支援することが考えられていました。「遊児廠」で受け入れる子どもは7歳までとされ，それ以降の年齢の子どもたちは「教育所」へ進むことが構想されていました。この「教育所」は現在の小学校に該当するところと考えられています。佐藤信淵の幼児教育に関する構想は，現在の乳児院と保育所や幼稚園に該当する段階となります。近代的な学校教育制度が確立する以前の1848（嘉永元）年に出された彼の考えは，構想という段階にとどまったものではありましたが，幻心と同じように先駆的なものであったということがいえるでしょう。

○子どもへの関心の高まり

　幻心が子どもたちを遊ばせる場所をつくったり，佐藤信淵が「慈育館」や「遊児廠」を構想した背景として，次のことが考えられます。江戸時代は子どもへの関心が高まった時期だとされています。子どもの育て方をあらわした子育て書が広く流布し，生まれた後の養育だけではなく生まれる前からの胎教という発想から子どもへの関心が高まり，子ども，特に乳児を大事に育てるということがいわれるようになっていきました。しかしながら，一方では子捨てや子殺しという行為も少なからず存在していました。諸事情により育てられないと決められた子どもがいたということになります。こうした子捨てや子殺しは，農村

を中心とした社会の維持にも少なからず影響を与えることにも関連すると意識されるようになります。そこで，藩はその対策に取り組むようになり，育児手当を支給したり，妊産婦の管理を行うようになりました。また，子殺しに対しては厳しい罰則を設けたりする藩などもありました。こうした背景により，子どもの養育を行う施設の構想などが出されたと考えられます。このように，江戸時代も後期にいたる頃には，経済を支える次世代となる子どもの養育に関心を向けるようになり，それは子どもを大事に育てるということにつながっていくようになります。

3．子どもの学び──寺子屋を中心に

　子どもたちが教育に適する年齢段階になってくると，次第に家庭外の学びの場となる寺子屋において，読み書きを中心とする手習いを受けるようになります。江戸時代後期から庶民のなかで教育を受ける人の数が増えていくのにしたがい，寺子屋が急速に増加し，明治初年には約1万5000もの寺子屋が各地に存在していました。寺子屋に入学するのは7歳ぐらいからで，3年から5年間にわたり学習を行っていました。ここでの学びに使用される読み書きの初歩的な教科書は往来物と呼ばれていました。往来物は様々な職業について記されたものや教訓書，四書などが使用されており，子どもたちはこの教科書を使用して，音読や習字などの学習を進めていきました。学びは，平仮名の「いろは」から始まり，数字や地名，文集，そして漢籍へと進んでいきました。

　その学習は，先生である師匠が基本的に一人の子どもを指導するという方法がとられ，師匠が子どもの前で手本書や文字の読み方を教えて，教わった子どもは自分で学んだことを復習していました。そして，学びの成果は音読や暗唱などによって確認されていました。また，お浚いとして習字を教室に掲示して，人々にみてもらい評価を受けるということも行っていました。寺子屋は全国に散在していましたが，そこに通っていた子どもたちは都市と農村や男女で差があります。都市の方が農村部よりも子どもの数が多く，江戸での就学率は86％であったとされており，地方ほど女子の就学率は男子よりも低くなる傾向があります。これは，女子は家庭内において道徳的・実用的な教養を身につけることにも関係しています。寺子屋のなかには女子を対象に裁縫を教える「お針屋」なども存在していたとされています。

2　近代教育制度の成立と幼児教育の普及

1．学制公布と幼児教育の成立

　私たちが通ってきた学校はいつ，どのようにしてできたのでしょうか。従前の学びとは

異なった，子どもたちが一つの空間のなかで，一人の教師から，決まった内容を教えられ学ぶというスタイルは，1872（明治5）年に学制が公布されてから始まります。学制は，江戸期の教育期間である寺子屋や郷学，塾という学びのスタイルとは異なり，小学，中学，大学という学校体系を示し，各学校の目的，教える仕事としての教師の資格，学ぶべき内容などを定めました。また，学制の前文である学制布告書には学校を設立する必要性，保護者は子どもを学校へ通わせて勉強させること，子どもを学校へ行かせないのは親の責任となることなどを記していました。こうした文言を通して，明治政府は学ぶ場と学ぶことの重要性を国民に広く知らしめることを図りました。また，各府県では，この布告書の内容を就学告諭という形で府県の実情に応じて解釈を加えて申し諭すことも行いました。

〇日本で初めての幼稚園の設立

こうして，公教育の入り口である小学の設置を進めていくのですが，では，就学年齢に達していない子どもたちへの教育はどのように成立したのでしょうか。学制では幼稚小学として6歳までの子どもに対して小学に入学する前に手ほどきを行う学校を想定していましたが，実際には1876（明治9）年11月16日に東京女子師範学校附属幼稚園が開園します。この幼稚園は，フレーベル式の保育を取り入れ，全国の幼稚園の模範となることを目指していました。また，子どもの保育と同時に幼稚園保姆を養成することも重要な目的として掲げ，実習園としての役割も与えられました。これは，幼稚園で働く専門職者としての保姆を養成する必要性があったためです。幼稚園の開園時は，主任保姆松野クララ（クララ・チーゲルマン），保姆として師範学校訓導であった豊田芙雄などの教員がいました。松野クララは，ドイツでフレーベルを範とした保姆教育を受けた人で，1876（明治9）年に来日し保育の指導にあたりました。そして，豊田芙雄は，幼稚園での保育に関する手引き書となる「保育の栞」を作成しました。後に園長となる関信三はフレーベルの恩物の解説書である「幼稚園記」の翻訳者で，当時，松野クララとは英語によるコミュニケーションだったため，監事の関が通訳して，豊田との意思の疎通を図ったといわれています。

附属幼稚園は，満3才から満6才までの子どもを対象に，年少組1クラス，年中組1クラス，年長組1クラスの編成とした定員150名で，基本となる保育時間を4時間と定めて，「学齢未満の小児をして天賦の知覚を開達し固有の心思を啓発し身体の健全を滋補し交際の情誼を暁知し善良の実行を慣熟せしむる」（文部省，1997a）ことを目的として，子どものもっている可能性を引き出し，体や心のよりよき発達をうながすために教育を行うこととされました。この教育目的を実現するための保育内容として物品科・美麗科・知識科をおきました。そして，三科目のそれぞれに子目（フレーベルの20遊戯を模範とした内容）を定めて具体的な活動を提示しています。子目には積木や折紙，絵画や粘土遊びなどが掲げられており，フレーベルの思想を反映した恩物の活用や現代の子どもたちも行っている活動内容を読み取ることができます。

○地方における幼稚園設立のはじまり

　こうして，幼稚園教育の理念や保育内容などの基本が形づくられていきました。この東京女子師範学校附属幼稚園での実践を模範とする形で，全国に幼稚園を開園する動きが大阪府，鹿児島県，宮城県などで始まっていきます。鹿児島県では，西南戦争が終結した後の1879（明治12）年に鹿児島県立女子師範学校内に国内では二番目となる幼稚園が開園します。鹿児島県での幼稚園開設にあたっては，当時の県令であった岩村通俊が文部省と東京女子師範学校に交渉したことから始まります。この交渉により，東京女子師範学校附属幼稚園保姆の豊田芙雄が東京より派遣され，幼稚園の開設準備の任にあたることになります。豊田は1879（明治12）年4月の第1回入園式で39名の園児を迎え入れ，その子どもたちの保育を指導すると同時に，7名の保姆養成も行いました。翌1880（明治13）年に豊田の指導を受けた7名は保姆の資格を取得し，豊田はその任を終えて東京に戻りました。鹿児島の幼稚園も豊田の指導のもと，フレーベル式の保育をはじめました。他方，大阪府でも1879（明治12）年に府立模範幼稚園が，翌年には愛珠幼稚園が開園します。当初は町が連合して設立しましたが，1889（明治22）年に大阪市立となります。愛珠幼稚園ではあわせて保姆の養成も行われていました。また，石川県では「幼稚園集遊場設立備考」を編成して，幼稚園の設立を実施しようと計画していました。こうして，日本の各地に徐々に近代的な保育施設としての幼稚園が開園していきます。

2．明治期の幼児教育制度の展開

○幼稚園をめぐる制度の動向

　学制が公布されてから，1879（明治12）年に教育令が，1886（明治19）年には森有礼文部大臣によって諸学校令（帝国大学・師範学校・中学校・小学校）が定められます。これらにより，小学校以上の学校段階における教育目的や教育内容に関して徐々に整備され，小学校の就学率も徐々に向上していきます。当初は幼稚園に関する法令などは特に定められませんでしたが，文部省は1879（明治12）年になり公私立幼稚園の設置および廃止の届け出と許認可に関する規程を定めます。そして，1890（明治23）年の小学校令の条文中に含まれる形で市町村が幼稚園を設置できること，幼稚園の規則は文部大臣が定めることが明記されます。さらに，翌1891（明治24）年に文部省令第18号において幼稚園に関する規則を制定します。この規則は保姆の資格，任命権者，身分や服務，保育規程などを定めたものでした。

　文部省はこの規則について，幼稚園に関する大綱を示すに留めて，地方の状況に応じた形で適応するものだと説明しています。保姆の資格についてみてみましょう。保姆については規則の第1条に「女子ニシテ小学校教員タルヘキ資格ヲ有スル者又ハ其他府知事県令ノ免許ヲ得タルモノ」（文部省，1997b）と規定して，女性であり小学校教員の資格をもつものか府知事県令が幼稚園保姆としての資格を与えるものを原則として保姆にすることが明

記されていました。これは1886（明治19）年の師範学校令に幼稚園保姆に関する養成が明記されていないことにもよります。その後，1892（明治25）年の文部省令により尋常師範学校に幼稚園保姆講習科を開設することが認められました。しかし，尋常師範学校での保姆講習科の開設はなかなか進まず，大阪や東京では独自に保姆養成のための講習所を開設していました。

○民間研究団体の成立と保育への提言

前述のように文部省令などの規則によって幼稚園のあり方などは明確化されてきましたが，園数が徐々に増えていくにしたがい，小学校令などと同様の幼稚園に関する独自の法令を定めて，学校制度上に位置づけることが望まれるようになってきました。こうした法令化を進めるきっかけとなったのが1896（明治29）年に東京で立ち上げられたフレーベル会です。フレーベル会は1898（明治31）年に幼稚園教育に関する建議書を文部大臣に出します。この建議は，保姆養成制度，保姆資格，待遇などに関する内容について行われました。この建議書の提出を受けて，文部省は翌1899（明治32）年に幼稚園関係で初めての法令となる幼稚園保育及設備規程を制定します。この規程では就園年齢（満3歳から小学校就学まで），保育時間（1日5時間以内），保姆の受け持ち人数（40名以内），保育の目的，保育内容（遊戯・唱歌・談話・手技），幼稚園の施設設備などについて定められました。

この時期には，フレーベル会をはじめとする民間の組織的な保育研究団体も設立されるようになってきます。東京では，1891（明治24）年頃に東京女子高等師範学校附属幼稚園で保姆会が結成されます。この保姆会に東京市内の幼稚園の保姆も参加するようになり，保育問題に関する研究協議が行われるようになります。また，1894（明治27）年に東京市保育法研究会が一橋幼稚園園長の多田房之輔によって立ち上げられます。この二つの会が一緒になり全国的な組織としてのフレーベル会になります。関西では，1889（明治22）年に京都市保育会が結成されます。この保育会は，保育問題の研究討議を通じて保姆の資質向上を図るために活動を行っていました。そして，1897（明治30）年には大阪市保育会と神戸市保育会が創設されます。同年の10月に京都・大阪・神戸の各保育会は，協議を行い三市の連合保育会の結成をなします。この京阪神三市連合保育会は近畿や岡山の保育会を合併し，関西連合保育会と名称を変えて発展していきました。

以上みてきたように，明治期の中期以降に規則などが整備されつつ，民間の保育研究団体も立ち上がり，官と民の両側面から幼児教育に力が注がれていくようになっていきました。

3　大正新教育と幼稚園令の制定

1．幼稚園教育と大正新教育

　幼稚園保育及設備規程の制定，小学校令の改正などにより，保姆の資格，園長の配置，保育内容などが定められていきました。1898（明治31）年の幼稚園数を概観してみましょう。

　　幼稚園総数229園　（官公立174園　私立55園）
　　東京・大阪40園　京都29園　兵庫・岡山11園

（『幼稚園教育百年史』より）

　このように東京と関西圏を中心に幼稚園が設立されていました。また，幼稚園が未設置の県は8県あり，それ以外の県でも県内の設置数は10園以下という状況でした。そして，1909（明治42）年には，幼稚園数が公立幼稚園208園，私立幼稚園234園にまで増加します。私立幼稚園の園数が増加した遠因として，1907（明治40）年の小学校令と同施行規則の改正によって義務教育年限が6カ年に引き上げられます。市町村では義務教育にかかる費用負担が増え，義務教育の一角を担っていた代用私立小学校を廃止することになったために私立幼稚園を設置しようとする動きが生じたとされています。1926（大正15）年には全国に1,066園の幼稚園が設置され，なかでも私立幼稚園が692園まで増加していきます。

　全国に数多くの幼稚園が設立されるようになると同時に，保育の内容についても徐々に変化していくことになります。教育界では，1900（明治33）年頃から子どもに注入的な教育を行うよりも，子どもの自主性や自発性を伸ばす教育を行う児童中心主義への大きな潮流が起こりはじめます。新たな教育実践の取り組みが各道府県の師範学校附属小学校などを中心に行われるようになりました。こうした各種の実践は大正新教育という形で全国の学校に広がりをみせていきます。

　この時期の幼稚園の保育の取り組みについてみてみましょう。当初は，東京女子師範学校附属幼稚園で定められた保育内容を基準として，地方の幼稚園はその状況に合わせた形で保育内容を変えたりしていました。幼稚園における保育内容の大きな転機となったのは1899（明治32）年の幼稚園保育及設備規程によって基準が示されたことによります。この基準によって，附属幼稚園が取り入れたフレーベル式の恩物を中心とした活動が保育四項目と呼ばれる遊戯・唱歌・談話・手技にまとめられました。そして，保育方法として従前に行われていた幼児の心身の発達や関心を考慮しない恩物の使用はしないということが示されています。また，1889（明治22）年に神戸で頌栄幼稚園を開園したハウはフレーベル主義

者ではありましたが，恩物の形式的・技術的・一斉的な取り扱いのみを重視する保育方法に反対し，子どもたちの自発性を高めることを重視する保育を取り入れ，後の幼稚園教育に影響を与えました。

保育研究団体の手によって諸外国の幼稚園教育の動向なども雑誌などを通じて紹介されるようになります。フレーベル会は刊行する「婦人と子ども」誌上でアメリカにおける幼稚園教育の改革の動向を紹介し，1910年代以降の自由保育の潮流を形成していくことになります。さらに，1911（明治44）の小学校施行規則の改正によって保育内容の取り扱いに関する保育事項が削除され，保育内容を柔軟に考えることができるようになりました。また，保育時間を府県知事の認可事項として長時間保育が可能となったこと，園児数や保姆一人あたりの受け持ち園児数が緩和されたことも要因となったと指摘されています。こうした背景により，欧米で起こった教育改革の流れが自由保育，統合主義保育，モンテッソーリ式教育という試みとなって保育内容や指導法のなかに取り入れられるようになります。以上のような流れのなかで保育の改良の試みが行われていきます。この動きは，新しい保育内容や指導法を積極的に取り入れて発展させる動きと従来から実践されていたフレーベルの恩物による保育の見直しなどの動きと合わさり，いろいろな考え方に基づく保育を考案しつつ実践していくものとなっていきました。

2．幼稚園令制定への流れ

保育内容や指導法の研究などを行っていた保育研究団体は全国大会を企画するようになります。いくつか事例をみてみましょう。

フレーベル会が主催した全国的な研究大会が1915（大正4）年に開催されます。この第1回全国幼稚園関係者大会は幼稚園教育に携わる人々が一堂に会した初めての研究大会と位置づけられています。大会の企画には東京女子高等師範学校校長でフレーベル会会長の中川健次郎，同校附属幼稚園の倉橋惣三らがかかわっていました。そして，文部省からも普通学務局長の田所美治が文部大臣代理として参加しました。この第1回大会は3日間にわたって開催されました。大会は文部省からの諮問事項の協議，建議案の採択，講演会，研究発表などの内容でした。1924（大正13）年に岡山市で開催された第4回大会において，幼児教育の振興を目的とした法令の改正を行うことを協議題として採り上げます。また，1921（大正10）年に帝国教育会が主催した全国保育者大会では，文部省からの保育事業振興に関する諮問事項について協議を行い，幼稚園教育令とその施行規則の制定を建議することなどが決定されます。全国的な大会では，保姆の養成や施設設備に関する検討，保育内容の研究報告を実施していきます。こうしたなかで，幼稚園教育を振興するための幼稚園独自の法令を制定していく機運が高まることとなりました。

他方，1922（大正11）年から幼稚園園長を中心とした帝国議会への幼稚園令制定に関する

陳情も行われていました。保育大会における建議や陳情運動は1925（大正14）年の幼稚園教育令制定の請願を衆議院で議決することに結びつきます。この議決を受けて，同年12月に文政審議会において幼稚園令制定の件を検討し，1926（大正15）年1月に内閣総理大臣に答申します。答申の後，4月22日に全14条からなる幼稚園令が制定されます。また，同日に幼稚園令を試行するための幼稚園令施行規則も施行されます。この幼稚園令および同施行規則では，すべての子どもに幼稚園教育を受けさせる，託児所的な機能をもち家庭教育を補完する目的を有する，保姆の資格待遇，保育内容に観察を加えた点が以前の幼稚園に関する諸規程と制度的に異なっており，よりいっそう幼稚園のあり方を明確にしました。

3．託児所の設立と普及

　幼稚園の制度は以上のように確立しますが，託児所の変遷についても合わせてみておきましょう。明治初期に設立された幼稚園は，保育に欠けた幼児の保護，幼児期の教育，小学校への入学準備，就学促進という性格を有していました。初期の幼稚園は子どもの保護を目的としていましたが，明治中期になると幼稚園の多くは子どもの保護と小学校入学前の教育と就学促進という目的を掲げるようになっていきます。こうした目的から幼稚園は「貧困社会ノ専有物ナリ，或ハ富豪社会ノ贅沢品」にみられるように多様な評価がありました（日本保育学会，2010）。

　明治も後期になると幼児の教育を熱心に考える富裕層を対象として発展していく傾向が生じるようになってきました。一方で，家庭の経済的な状況を勘案して授業料を設定するなど大衆に開かれた幼稚園のあり方も模索され，野口幽香の二葉幼稚園やタムソン宣教師夫妻による善隣幼稚園や簡易幼稚園など経済的に恵まれない子どもたちを対象とした託児所的な性格を有する幼稚園も設立されました。他方，農村地域でも保育に関する取り組みが始まります。

○託児所のはじまり

　全国で一番最初に開設された託児所は，1890（明治23）年に鳥取県で筧雄平が行った農繁期託児所であるとされています。彼は農村部でお寺に集まった子どもたちを尼僧が面倒をみていたことから，特に農繁期に保護者の養育を充分に受けることができない子どもたちをお寺に集めて保育しはじめたといわれています。この筧による季節的な託児所の始まりを契機にして，各地の村々において主に農繁期を対象とした託児所が開設されていくことになります。託児所の源流はもう一つ存在しており，それは子守学校創設の動きです。この動きは学制による学校への就学率を向上させるためのものであり，子守をする子どもたちを対象としていました。こうした取り組みの一つに赤沢鍾美の新潟静修学校があります。新潟静修学校は1890年（明治23）に塾として開業しますが，その学校内で経済的に恵まれない子どもたちを対象とした保育を1892（明治25）年よりはじめます。親の労働を助けるため

幼少の子を子守する子どもたちが読み書きを学ぶことができるように，赤沢の妻仲子が小さな子どもたちの面倒をみたことが始まりであるとされています。この保育事業は後の1908（明治41）年に「守孤扶独幼稚児保護会」となり，子どもたちの収容人数を増やして保姆をおき，託児所として発展していきます。

○社会的事業としての託児所の拡大

　また，明治中期以降の産業の発展にともなって，紡績工場やマッチ工場などで労働に従事する人たちの乳幼児を対象とした託児所が工場内に附設されていくようになります。明治から大正へと時代が移行する1912（明治45）年に託児所は15カ所のみの設置でしたが，1923（大正12）年には民間を中心に117カ所にまで増えました（工場内附設を除く）。この設置数の増加の背景には，大正時代に入ってから，内務省が従来の慈善的事業から児童の保護を行うための社会的な事業として託児所を政策に位置づけたことによります。当初の託児所が民間の篤志家により慈善的に子どもの保育を行っていたことから，0歳児以上の乳幼児を対象に，保護者が仕事に従事している間の子どもの保護と養育を目的とした公的な事業として託児所の整備を進めることにつながりました。社会的事業として地位を獲得した託児所について，その動きを支えた民間団体などからは法的な整備を進めることや託児所に勤務する保姆の資格基準に関すること，幼稚園と託児所の一元化を行うための提案などが大正期の終わり頃に出されていました。しかしながら，戦後に児童福祉法が成立するまでは，託児所に関する完全な法的規定や保姆資格の基準などは定められないままの状況が続きました。

参考・引用文献
荒井明夫（編著）（2008）『近代日本黎明期における「就学告諭」の研究』東信堂
江藤恭二（監修）篠田弘・鈴木正幸・加藤詔士・吉川卓治（編）（2008）『新版子どもの教育の歴史』名古屋大学出版会
木村政伸（1995）『資料に見る近世教育の発展と展開』東京法令出版
文部省（1975）『学制百年史』ぎょうせい
文部省（1979）『幼稚園教育百年史』ひかりのくに
文部省（1997a）『明治以降教育制度発達史　第1巻』龍吟社，p.484.
文部省（1997b）『明治以降教育制度発達史　第3巻』龍吟社，p.127.
日本保育学会（2010）『日本幼児保育史　第2巻』日本図書センター，p.97.

第4章
戦後日本における教育の再出発

◆この章で学ぶこと
・戦時下における教育の変化について知る。
・新しい教育制度下における幼稚園および保育所の成立について理解する。
・幼稚園教諭と保育所保母の養成についての歴史的な基礎を知る。

1　戦時下の幼稚園教育

1．戦時体制下の教育と幼稚園

　黎明期から大正期までの幼稚園の状況について少し触れておきます。明治から大正のはじめの頃までは，対象とする子どもたちによって幼稚園のあり方も異なっていました。一般的に裕福な階層の子どもたちを対象とした東京女子師範学校附属幼稚園，貧しい子どもたちを対象にした託児所的な役割を果たす野口幽香の設立した二葉幼稚園のような園に分かれる傾向のあったことが指摘されています。当時の保護者たちは自分たちの子どもの家庭教育が行き届いていると判断した場合には幼稚園に通わせる必要性を見出せなかったともいわれています。しかし，私立幼稚園が量的に拡充してくる大正中期以降にはいわゆる中間層と呼ばれる家庭の子どもたちも通園するようになります。時代的には第一次世界大戦による景気の好調から不況への経済動向，米騒動や関東大震災など国内外の状況がめまぐるしく変化していくときでした。昭和に入るとさらに経済的不況や戦時下体制へと急転していきます。

　1937（昭和12）年12月に教育内容と制度の刷新について検討する教育審議会が発足し，教育全般にわたる改革案を答申します。答申の中に示された幼稚園に関する要綱では，幼稚園設置の奨励と簡易幼稚園の設置を認めること，子どもの保育については保健と躾を重視すること，保姆の養成機関の拡充と待遇の改善を図ること，家庭教育との連携などの項目が掲げられ，その項目について要項説明が付され方向性を提示していました。文部省はこの教育審議会の答申を受けて，1941（昭和16）年に国民学校令を制定し，小学校を国民学校の名称に改めました。一方，幼稚園については同年に幼稚園令および同施行規則が一部改正されますが，公立幼稚園職員の服務や処分などに関する規程の追加であり，教育目的などの基本的な部分についての変更などはありませんでした。

戦争の影響は社会や子どもたちの生活の中にも次第に色濃くなっていきます。主には学徒動員や集団疎開などがありましたが，幼稚園はどのような状況におかれていたのかを見てみましょう。
　1941（昭和16）年10月に文部省は学校防空緊急対策に関する通牒を出します。この中で，幼稚園については空襲の危険が迫った際には一定期間授業を停止することを指示していました。そして，1943（昭和18）年3月には高等女学校規程が改正され，高等女学校に幼稚園や託児所を附設することが奨励されていきます。この改正は，「皇国民錬成」を目指す教育を行うために「女子の任務」として幼稚園や託児所を育児実習の場とするものでした。同年6月には中等学校以上の学校に対して「学徒戦時動員体制確立要綱」が決定され，勤労動員の一つとして女子を対象に工場地域や農村部に季節的幼稚園や保育所などを設置して保育に従事することが求められました。また，同年9月には文部省と内務省より「学校防空指針」が通達されます。この指針は，警戒警報や空襲警報が発令された際の帰宅や待避に関する事項を定めていました。この指針の通達を受けて，東京都では幼稚園に対して「防空ニ対スル通達」を出します。この通達は，上記の指針と同じように警戒警報や空襲警報が発令された際には，発令が解除されるまで幼稚園を休園にすること，保育中に発令された場合には安全を確保しながら直ちに帰宅させることなどを定めていました。さらに，1943（昭和18）年10月には「教育ニ関スル戦時非常措置方策」が閣議決定され，主には学校の修学年限の短縮などの変更がありましたが，幼稚園に関しては各地域の実態に合わせる形で対応を行っていました。
　たとえば，東京都私立幼稚園協会は，1944（昭和19）年4月に東京都教育局の意向を受けて，「決戦即応保育体制ノ件」を決議して通知しました。この通知は保護者が食糧増産や勤労奉仕などに従事している状況を反映して，①保育時間延長，②土曜日の半休廃止，③日曜保育，④保姆待遇，⑤遠足に関する件の各事項について都内の幼稚園で申し合わせて実施することとされました。通知の内容は，保育時間は一般幼児は午後3時までとし，保護者が勤労奉仕に従事しているなど必要に応じて午後5時まで保育すること，土曜日は午前中のみではなく通常の保育時間とし，日曜日は地域の状況や必要性に応じて休日保育を実施すること，遠足については軍需物資などの輸送を最優先するため汽車や電車を利用する遠足は見合わせることでした。ただし，保育時間延長については，幼稚園が終日子どもを預かる託児所化することではなく，幼稚園における幼児教育を維持することが注意として付されていました。
　また，長崎県では，1944（昭和19）年12月に「長崎県幼稚園戦時措置要領」を作成し，「皇国民養成」を中心とした教育内容とすることや通園時間が5分以内であること，保育の困難な家庭の子どものみを対象として1日10時間以上の保育を行うことを示しました。幼稚園に関する戦時的な措置や都市圏などでの戦災による園舎の焼失や損壊，物資の不足など

の影響により幼稚園が廃園や休園に追い込まれたり，福岡県やその他でみられたように幼稚園を戦時保育所や託児所に転換する動きなどもありました。このように，子どもたちをあらゆる危険から保護することや戦時対応などの課題などから，幼稚園の教育機能が充分に発揮できない状況が生じていました。

2．子どもたちの疎開

　さらに，都市部ではより空襲の危険性が高まったり，その被害が甚大になる状況から，1944（昭和19）年6月に一般疎開を促進することのほかに「特ニ国民学校初等科児童ノ疎開ヲ強度ニ促進スル」ことが閣議で決定されます。翌月には東京都をはじめとして「学童疎開実施要領」が策定され，都市部を中心に児童の疎開が始まることになりました。この動きにともなって，義務教育年齢以下の子どもたちの疎開についてもその必要性が議論されることとなります。特に，昼夜を問わずに空襲が激しくなってくると，子どもたちは防空壕への避難や火災などの危険に直接さらされることになります。こうした状況下では当然のことながら充分な保育を受けることはできなくなり，子どもたちの安全を確保する必要性から幼児を抱える家庭に対しては縁故者を頼りとした疎開を行うことが奨励され，空襲の危険性の少ない地方都市部や農村地域などへ疎開する状況となっていきました。東京都では疎開する子どもたちが次第に増えていくとともに，幼稚園から転換した戦時保育所も子どもの数が少なくなっていき，園を閉鎖したり，軍事施設へと転用されるということも起こりました。また，幼児を対象とした縁故疎開も疎開先に限界が生じ，個人の縁故を頼る方法では疎開することができない子どもたちも存在していました。国民学校の学童を対象とした集団疎開とは異なり，個人が行う幼児たちの疎開に限界が生じつつある中，状況を打開するために集団疎開を実施した保育所も出てきます。

　最初に集団疎開を行ったのは，恩賜財団母子愛育会が設立した戸越保育所と愛育隣保館でした。集団疎開は1944（昭和19）年11月に実施されます。その決定のために保護者にアンケートをとり，その回答をもとに決行されました。当時，疎開の決定にかかわった所長の森脇要によれば，保護者は積極的ではなかったが，保育所に通ってから子どもたちが良い方向に成長していることもあり，先生たちを信頼して預けるという気持ちをもっていたとしています。最初に埼玉県へ疎開した子どもは，3歳以上の園児53名と保姆8名を含む職員11名でした。幼児の疎開については，学童とは異なって，保護者と離れることの不安感，日常の健康管理，疎開先となる建物の状況などの面において充分な配慮が必要となることもあり，困難性を含む側面もありました。

　東京大空襲によって多大なる戦災被害を受けた東京都は，「東京都疎開保育所処務規程」を制定し，1945（昭和20）年7月に「疎開保育所」を群馬県，長野県，埼玉県に開設し，未だ都内に残っていた子どもたちを開設した保育所に疎開させました。この疎開に携わった

保姆などの関係者の苦労は，子どもたちの管理や食料などの物資不足，見知らぬ土地での活動ということもあり，想像を絶するものがあったといわれています。戦争が終わりを迎えようとした直前には，東京都以外の多くの都市でも空襲による建物の焼失や疎開による子どもの数の減少などにより保育所や託児所を廃止する措置をとるところが多くありました。敗戦による混乱のさなかに，疎開していた子どもたちは保護者のもとに帰ることになりますが，保護者が戦災の被害に遭い戦災孤児となってしまった子どもたちもいました。子どもたちを疎開先に引率していた保姆などの関係者は，孤児となってしまった子どもたちの親類関係者を探すなどの対応に追われ，最後の1人まで関係先に子どもたちを引き渡す業務を行いました。最初に幼児の集団疎開を実施した愛育会は，1945（昭和20）年10月16日に疎開先に開園した保育所の閉園式を行いました。また，東京都が開設した「疎開保育所」も1945（昭和20）年12月末をもって疎開保育の事業を終了しました。

2 新たな教育制度の成立

1．戦後の教育改革

　1945（昭和20）年8月15日に無条件降伏などからなるポツダム宣言を受諾して，長きにわたる戦争の時代が終結しました。ここから約6年にわたる連合国軍総司令部（GHQ）における占領政策が行われることになります。戦後の日本の改革は主に軍国主義の排除と民主主義の普及を中心に進められていきます。
○新しい教育制度の構築に向けた動き
　占領政策は政治や経済の刷新と共に教育の自由化も重要な事項として位置づけられていました。文部省は，1945（昭和20）年9月「新日本建設ノ教育方針」において，これからは「戦争遂行ノ要請ニ基ク教育施策ヲ一掃シテ文化国家，道義国家建設ノ根基ニ培フ文教諸施策」（文部省，1975）の実行に努めることを表明しました。また，総司令部は同年10月から12月にかけて四大指令として，日本の教育制度の管理政策，教員や教育関係者の調査や認可に関する事項，修身や日本歴史などの授業の停止に関する措置などの内容を示し，軍国主義を排除するための具体的な方針を出していきます。さらなる教育の改革をうながし，アメリカ教育使節団による勧告も行われました。日本の戦後教育改革にもっとも影響を与えたのはこの使節団の報告書といわれています。
○アメリカ教育使節団の構想
　アメリカ教育使節団は，GHQの要請により日本の教育改革の構想を立てるために，J. ストッダートを団長とした27名の教育の専門家によって構成されていました。使節団は1946（昭和21）年3月に来日し，約1か月にわたり日本側の委員と協議を行い，その結果を報告

書にまとめてGHQ総司令官のマッカーサーに提出しました。その報告書には，教育や教育内容を教師の自主性にゆだねることが主張されており，文部省の権限を削減して地方に教育委員会を創設することが提唱され，地方自治による教育行政への転換がうながされました。また，従前の複線型の教育階梯から単線型へと移行することや小学校と中学校の9年間を義務教育とする6・3・3制の学校制度の導入による改革も示されていました。さらに，男女共学の実施や教員養成課程を高等教育において行うこと，高等教育における女性への門戸開放ということについても言及されていました。このように，軍国主義的色彩を排除することを中心に，民主的な教育を普及するために戦前の教育制度の抜本的な改革を実施することが報告書において勧告されました。

○日本側委員会の対応

　日本側においても教育使節団の来日に合わせて，南原繁を委員長とする教育家たちを中心とした委員会が発足します。この委員会は，使節団がアメリカに帰国した後の1946（昭和21）年8月に教育刷新委員会となります。教育刷新委員会は教育に関する重要事項を調査審議して内閣総理大臣に報告する審議機関として位置づけられ，GHQとの連絡協議が求められていました。教育刷新委員会は同年9月に第1回総会を開催してから継続的に，教育基本法に関する事項や学校接続に関する事項，教員養成，教育行政に関する事項などについて審議を行い，12月に内閣総理大臣へ採択された事項を建議事項として提出します。この建議を受けて文部省は，教育基本法，学校教育法，教員免許法などを立案して，国会での審議を経た後に実施することに努めることになりました。特に，戦後の新しい教育の理念を検討する段階においては，戦前に定められていた「教育勅語」の取り扱いとの関連の中で，擁護する側，新しい勅語を奏請することを求める意見，廃止を主張する側でのせめぎ合いが生じました。しかし，教育刷新委員会での新憲法の精神による教育理念の設定という審議結果や日本国憲法の制定過程における人民の権利としての教育の位置づけ，教育の根本法となる教育基本法の制定により，1948（昭和23）年6月に「教育勅語」については衆議院における排除の決議，参議院における失効確認に関する決議を経て，全国の学校から回収されました。

　新しい教育を行うための法律として，教育基本法は1947（昭和22）年3月31日に，学校教育法は同年4月1日に，日本国憲法は同年5月3日に施行されます。法令が整備される一方で，子どもたちは戦後の混乱の中で徐々に学校へと戻っていきました。都市部では空襲による校舎の焼失や損壊などの甚大な被害によって，子どもたちを収容する充分な教室がありませんでした。こうした中，お寺や馬小屋を教室に改装したり，時間帯で入れ替わる2部授業，野外で授業を行う青空教室などで対応していました。また，教科書の戦争に関連する項目を教師の指示によって墨で塗りつぶした「墨塗教科書」を使用していました。しかし，子どもたちは新しい時代への希望を胸に再び学びはじめます。

2．新しい幼稚園と保育所の成立

　戦後改革期の幼稚園と保育所の動向についてみてみましょう。
○新制度における幼稚園の創設
　先にも触れたように，戦時中の幼稚園は戦災被害，閉鎖，保育所や託児所への転用などにより教育機能の多くを失った状況でした。1945（昭和20）年が終わりを迎える頃に，大日本教育会幼児保育部は，幼稚園の関係法規を改正することや幼児保育施設を統一することなどの要望を文部省に出しました。また，1947（昭和22）年2月に関西連合保育会と全日本保育連盟からは，就学前の教育と保護に関する制度の確立に関する要望が出されます。先に触れたアメリカ教育使節団の報告書には，幼児教育について「正規の公立学校制度に必要な変革がなされ，しかるべき財源的措置がとられるに応じて，われわれは，保育園や幼稚園が増設され，またその小学校への組み入れが進められる」（村井，1979）ことを勧告しています。これはアメリカにおけるナーサリー（nursery）とキンダーガーデン（kindergarten）に相当する日本の幼稚園や保育所を小学校の下に位置する教育制度に組み込むことを趣旨とするものでした。この報告書の意向から，新しい教育制度の中に幼稚園をどのように位置づけるのかが大きな課題となりました。これは，戦前の学校に関する法令（勅令）が学校種別ごとに出されていたことにもよりました。
　教育刷新委員会の第2特別委員会では，倉橋惣三の問題提起から幼稚園に関する審議を行い，3歳から5歳までの3年間を幼稚園教育の期間とすること，文部省の一元的所管とすること，満5歳児以上の1年間を義務制とすることを総会に提出することが決定されます。総会では提出された原案の意向は認められましたが，1946（昭和21）年11月に可決された建議においては幼稚園の義務化については見送られました。翌年の学校教育法の施行にともない幼稚園令は廃止され，小学校や中学校と同じように学校として位置づけられることになります。また，学校教育法第77条において幼稚園は「幼児を保育し，適当な環境を与えて，その心身の発達を助長すること」を目的として，この目的を実現するために5つの目標を達成するように努力することが求められました。そして，学校教育法施行規則において設置基準，受け持ち人数，保育時数などについて規定されました。
○児童福祉法の制定と保育所の発足
　保育所は児童福祉法の制定によって発足します。政府は戦後の国民生活を救済する措置として1945（昭和20）年9月に生活保護法を国会に提出します。厚生省は生活保護法の中に国や府県が費用を負担する託児事業制度を発足させます。この事業は生活を維持するために乳幼児を施設に預けて保護者が終日労働に就く場合に限られたものでした。
　その後，1946（昭和21）年8月には，幼稚園と託児所の二元化を改めて一元化する趣旨の「乳幼児保育施設の整備拡充に関する建議」が衆議院に提出されます。また，同年10月には，

乳幼児の擁護と教育を実現するための組織として羽仁説子を会長とする民主保育連盟が立ち上がります。この連盟は保育施設の設置を幅広く呼びかけたり，保育講座を開催して保育者の育成を試みる活動を通じて，すべての家庭の子どもたちのために保育所保育を実現することを目指していました。

　こうした動きの中，厚生省は保育所にかかわる児童保護事業をさらに進めるために，中央社会事業委員会に諮問を行いました。中央社会事業委員会は，児童福祉に関する法律のあり方として，すべての児童の健全な育成と福祉の増進を積極的に推進するための児童福祉法の策定を答申しました。この答申を受けて，1947（昭和22）年1月に厚生省は児童福祉法の原案をまとめ，同年8月の国会に提出して1948（昭和23）年1月1日に施行されます。しかしながら，児童福祉法の保育所に該当する箇所は，幼稚園との調整は行われず，厚生省は保育所のもつ児童福祉の役割を推し進める形をとりました。児童福祉法の制定によって新たに発足した保育所は，保育所を利用する人を所得にかかわりなく，乳幼児の保育に欠ける場合であれば受け入れ，健やかに育成するものとしていました。

〇幼保一元化へ向けた提言

　以上のような法整備の過程を経て，戦後の新しい幼稚園と保育所は出発することになるのですが，幼保一元化への提言や運動も民間団体を中心に行われていました。1946（昭和21）年に日本教育会は「幼児教育刷新方策（案）」を提案します。ここでは，「幼稚園と託児所が異なる所管下に在って別途に取り扱われたる弊を取り除き，幼児保育施設を統一すること」（岡田ほか，2010）とし，4歳児以上の幼児を継続的に収容し就学前教育を行う施設は幼稚園（仮称），満1歳から3歳までの幼児を継続的に収容し社会的養護を目的とする施設を保育所（仮称）とすることを提案しています。また，季節的や一時的に幼児を収容する施設を託児所，満2歳以下の乳幼児を収容する施設を特殊託児所としていました。この提案は，子どもたちの保育の平等を確立するために，年齢による施設の統一が必要であるという観点にたったものでした。そのため，文部省や厚生省のどちらか一方に管轄をゆだねるのではなく，教育内容や指導と助言が均等に実施されることを企図するものでした。

　また，同年に開催された国会においても幼保一元化に関する質疑が行われましたが，女性の社会進出や母性保護という観点からの社会的な課題の解決と教育という側面との方向性の違いにより，文部省は具体的な意見を出すまでにはいたりませんでした。そして，児童福祉法に関する原案がまとめられた後の1947（昭和22）年5月に開催された児童福祉大会では各地方から児童福祉法が備えるべき希望事項として，幼稚園と保育所の関係を保育所に統一して一元化するという意見が出されました。この希望事項についても，幼稚園とは目的が異なる児童福祉施設として保育所を制度化するという児童福祉法の原案の方向性を執ることになり，具体化されることはありませんでした。ここには，子どもたちの福祉を推し進めるという観点から保育所の整備と拡充が急務であるという時代的な要請がありま

した。このように，幼保一元化への要望や提言が存在していたにもかかわらず，学校教育法と児童福祉法という法律のもとで完全に二元化して，戦後の再出発を迎えることとなりました。

3 保育者養成制度の確立

1．新たな幼稚園教諭の養成

　戦後の新しい幼稚園と保育所の出発にともなって，幼稚園教諭と保母の養成も戦前とは異なる形で始まります。先に触れたように，アメリカ教育使節団の報告書の中には教員養成に関する事項が含まれ，教育刷新委員会においても教員養成に関する審議が行われました。また，新しく成立した児童福祉法では新たに保母の資格が設けられます。以下，新しい制度における幼稚園教諭と保母の養成についてみていきましょう（なお，保姆は明治期より教育職員免許法が制定されるまで幼稚園で教育に従事していた者の職名，保母は戦後の児童福祉法制定により新たに創設された保育所で保育に従事する者の職名です。保母は1999（平成11）年に保育士に改称されます）。

〇保姆から幼稚園教諭への移行

　幼稚園は学校教育法の施行により学校として位置づけられます。それにともない，明治期より使用されていた保姆の職名から取得する免許種別に応じて教諭，助教諭の職名に改められました。戦前では，保姆という名称は主に幼稚園で教育に従事する人に対する職名として使用されていました。幼稚園令で定められた保姆免許状は保姆検定に合格した人に授与されることとされており，制度的に位置づけがなされていました。しかしながら，新しい法制度を運用していくためには幼稚園教諭への教員免許の切り替えが必要となるため，制度が確立するまでの間，幼稚園令のもとで幼稚園保姆免許状を取得した現職者は，学校教育施行規則に定められた規程によって幼稚園教諭や助教諭の仮免許所有者として継続的に教育の任にあたっていました。

　制度が移行する中で，免許の切り替えとそれにともなう再教育，新しい教育制度や法令に関する理解を深めるために現職者を対象とした教育が必要となり，これを実施することが課題となりました。文部省は仮免許から新しい免許へと切り替えるための資格を授与するために，認定講習会を受講して修了することを条件とする通達を1947（昭和22）年に出しました。この認定講習会は，主に文部省や都道府県が主催し，およそ10日間の期間で開催され，法令を中心とした一般的課程，保育要領に関する専門的課程，実地研究などの教職的課程の総計65時間以上で実施することとなっていました。通達が出されてから，現職者の再教育のための認定講習会は各地で活発に開催されるようになりました。

○新制度での幼稚園教諭の養成

　教育刷新委員会から1946（昭和21）年に出された教員養成制度に関する審議結果をもとに，文部省は教員免許に関する制度案づくりをはじめ，1949（昭和24）年5月に教育職員免許法を公布し，同年9月1日より施行します。この教育職員免許法の概略は以下のとおりになります。

　1．教育職員の資格についての基本的な事項は法律で定める。
　2．学校種別，教科別に相当する免許状を有しなければ原則として教員になれない。
　3．原則として大学において一般教養科目と専門科目を履修し，専門性豊かな資質が要求される。
　4．大学等において所定の単位を修得したものに対し，教員免許状が取得できる開放主義をとった。

　新しい教育制度が確立するまで幼稚園保姆の養成は，東京と奈良に設置されていた官立女子高等師範学校に附設されていた1年制の保姆養成科や1年制から2年制の私立保姆養成所などを中心に行っていましたが，この法律が公布，施行されたことによって，教員養成はすべて大学にて行うことになりました。また，教員免許状の取得を開放制度にすることで，教科の専門性の高い教員を養成することとしました。
　1949（昭和24）年当時の幼稚園教諭免許制度の概要は次のようになっています。

　1．幼稚園教諭は各相当の免許状を所有するもの。
　2．教員免許状
　　　　普通免許状―すべての都道府県で，その所有者の生存中効力を持つ。
　　　　仮免許状―授与されたときから5年間，すべての都道府県で効力を持つ。
　　　　臨時免許状―補充的に授与されるもので，授与された都道府県においてのみ1年間効力を有し，幼稚園助教諭免許状と称する。
　3．免許状の授与権者は都道府県の教育委員会及び知事とする。
　4．免許状の授与を受けるためには，一つは大学もしくは幼稚園教員養成機関において所定の単位を取得し，所有の資格を取得する。もう一つは授与権者の行う教育職員検定に合格する方法とする。

　免許取得に関する法的な整備により，新たな教員養成が大学にて始まることになります。戦後に発足した新制大学においては，開放主義による教員養成が可能となったため，免許状取得に関する単位修得の基準が定められました。そして，養成機関として，教員養成を

主目的とする国立の学芸大学（教育大学）や教育学部，私立短期大学，私立の指定教員養成機関などがありました。

　国立大学では，小学校教員養成課程に幼稚園教員養成課程を併置するという形をとり，小学校と幼稚園の両方の免許状を取得することも可能となりました。しかしながら，戦後すぐには国立大学における教員養成は義務教育課程を優先していたこともあり，私立大学や私立の指定機関での養成に任される部分もありました。1951（昭和26）年末には，国立を除いて，戦前の保姆養成機関が組織を変更した短期大学9校，1年制の指定教員養成機関10校が幼稚園教員の養成機関として文部大臣より認定されていました。

2．保育所保母の養成

　戦前は，託児所などの児童保護施設などで，子どもたちの保護に従事するものが保姆として存在してはいましたが，幼稚園保姆のように制度として位置づけられてはいませんでした。当時はあくまでも俗称として保姆という名称を用いていました。

○保育所保母資格の創設

　児童福祉法の成立により，児童保育施設において児童を保育する女子については，法令に根拠を有する保母として制度上位置づけられました。法における児童養護施設は保育所を含めた児童福祉施設とされており，子どもたちの養護や保護の任に従事する人のことを指しています。その資格の要件についても児童福祉法施行令に厚生大臣の指定する保母を養成する学校その他の施設を卒業したもの，保母試験に合格したもの，児童福祉事業に5年以上従事したものであって，厚生大臣が適当と認めたものと明確にしました。法律が制定され，免許・資格が制度化されることにより，幼稚園で教育に従事するものは教諭として，保育所で保育に携わるものは保母として職名が明確に適用されることになりました。

○保母養成施設の設置

　幼稚園教諭に対して経過措置がとられたのと同様に，児童福祉法が施行されてから以降も以前と同じように継続して勤務できるように措置が執られました。そして，新しい保母の資格を取得するため養成計画が立てられ，都道府県において保母資格認定講習会を開催すること，保母の養成施設（当初は保母養成所）を設置することなどが決定されます。また，1948（昭和23）年からは都道府県知事が保母試験を実施することも決められました。

　資格については，基本的に養成施設を卒業したものか保母試験に合格したものに授与されることとされました。同年4月に厚生省児童局長より「保母養成施設の設置及び運営に関する件」が通達され，既設と新設を問わず通達に示された基準を充たして厚生大臣より養成施設としての指定を受けることが必要とされるようになります。その養成施設を設置する際の基準は以下のとおりでした。

1．設立者—国又は地方公共団体，厚生大臣の承認を得た法人又は団体
2．職員の組織及び資格
　組織—所長，教諭，講師，事務職員を置き，所長，教員は専任とし，教諭は生徒数30人に1人置く。
　資格—所長，教諭は，大学教授又は高校教諭の資格をもつ者，講師は，児童福祉関係事業の従事者及び意思で厚生大臣の承認を得た者であること。
3．生徒定員—30人以上とする。
4．修業年限—2年とする。

　その他に，修業科目と配当される時間数，入所資格などが定められていました。以上のような基準を充たした施設（保母養成所）として，1948（昭和23）年から49（昭和24）年の間に千葉県や名古屋市，大阪府，東京都をはじめ全国で公立私立あわせ11の施設が養成施設の指定を受け，700名以上が学びました。

　その後，1951（昭和26）年の児童福祉法の改正により，保母養成施設の指定要件，指定手続きなどについて変更が加えられ，入所資格や修業年限，入学定員など7項目が定められ，これらのすべてに該当することが指定の要件とされました。また，1952（昭和27）年3月の厚生省告示により履修科目と授業時数が定められます。この改正による科目と授業時数の変更は，短期大学の設置基準と同等とすることで，主に保母養成所の質の向上と大学および短期大学で保母養成の指定を行うことを想定したものでした。この改正により，1954（昭和29）年には11校の短期大学が養成校の指定を受けました。

〇保母資格試験の実施

　先ほども触れましたように，養成校の設置と共に保母資格試験も実施されます。この試験制度は，受験資格，試験科目などが児童福祉法施行規則において規定され，実施については都道府県知事に委任されました。試験を知事に委任して実施することは，すでに保育の仕事に従事している人たちに新しい資格を取得するための便宜を図ることや試験に関する諸事務を執り行うという観点から現実的な方法であったとされています。試験制度が始まった1948（昭和23）年より，各都道府県で少なくとも年1回実施されていきます。1948年度の第1回試験の受験者は2642名で，合格者は1982人でした。また，1948年12月末の厚生省の調査によれば，児童福祉施設において保母として業務に従事している人数は7242人で，この中で新しい保母資格を取得した人は2417人でした。このように，新しい資格に切り替える必要のある人が多く存在していました。こうして，新しい資格の取得制度が始まっていくことになりました。

　以上のような法整備の過程を経て，戦後の新しい養成制度が確立し，大学および短期大学での保育者養成が本格化していくこととなりました。

参考・引用文献
江藤恭二（監修）篠田弘・鈴木正幸・加藤詔士・吉川卓治（編）(2008)『新版子どもの教育の歴史』名古屋大学出版会
文部省（1975）『学制百年史』ぎょうせい，資料編，p.52.
文部省（1979）『幼稚園教育百年史』ひかりのくに
文部省（1997）『明治以降教育制度発達史』龍吟社
村井実（全訳解説）(1979)『アメリカ教育使節団報告書』講談社，pp.65-66.
日本保育学会（2010）『日本幼児保育史』日本図書センター
岡田正章・久保いと・坂元彦太郎・宍戸武雄・鈴木正次郎・森上史郎（編集）(2010)『戦後保育史　第1巻』日本図書センター，p.420.

第5章
教育の法規と制度の基礎

◆この章で学ぶこと
・日本の教育に関連する法規の基礎を理解する。
・日本の学校・教育行政・乳幼児期の教育に関する制度の基礎を理解する。
・一般的な学校との比較を通して，日本の乳幼児期の教育の制度の特徴を理解する。

1 戦後日本の教育法規の基礎――日本国憲法と教育基本法

1．法規の基礎

　法規（法律と規則のうち，国民の権利と義務に関するもの）は，それを定める主体によって名称が異なります。また法規には，「優先順位」があります。日本の最高法規は「日本国憲法」です。日本国憲法は，すべての法規（法律・政令・条例など）に優越します。これはつまり，憲法を除くあらゆる法規は，憲法に違反することはできない，という意味です。表5-1のように法体系は階層化されており，上位法は下位法に優越します。

　教育の制度を理解するには，教育に関連する法規の理解が必要になります。制度とは何か，については様々な見解がありますが，本章では，「法規を根拠とし，成立している組織や職域，そしてそれらに関連する規則や役割の総体」を指すことにします。

　たとえば，学校という制度については，「学校教育法」に書かれています。「学校教育法」には，学校とはどのような組織を指すのか，その目的は何か，などが明文化されています。同様に，教育委員会については「地方自治法」や「地方教育行政の組織及び運営に関する法律」に明文化されています。このように，「学校」「教育委員会」といった組織には，その役割や機能の根拠となる法規があります。そしてそれぞれの組織は，その法規に掲げら

表5-1　日本における法規

憲　法	最高法規　改正には国会両院での発議と国民投票による過半数の賛成　1946年の制定以来改正されていない
条　約	国際的な取り決め　国会が承認することで発効（児童権利条約など）
法　律	国会の決議で成立（教育基本法　学校教育法　など）
政令・省令	文部科学省などの省庁が発布（学校教育法施行規則など）
条　例	地方議会の決議で成立

れている目的を実現するために存在しています。

2．日本国憲法

　第4章でみたように，「敗戦」ののち，日本国憲法はGHQが主導して起草しました。戦前，学校は「皇国臣民」を生産する装置として機能し，軍国主義教育が行われました。そのような事態が二度と起こらないよう，日本国憲法では平和国家の建設が目指されています。そして，日本国憲法が，戦後日本の公教育の性格を決定づけています。

　特に教育に関連して重要なのは，私たち国民の権利（基本的人権）の内容を理解することです。日本国憲法は，そこにリストアップされた基本的人権を守るよう，国家権力に対し要求するという性格をもちます。したがって，国の責任で行われる公教育は，私たちの基本的人権が侵害されないように設計されています。以下では，基本的人権のうち，教育や保育に密接に関係するものをみてみましょう。

○児童福祉の根拠——生存権（第25条）・幸福追求権（第13条）

　憲法第25条の生存権では，国民の「健康で文化的な最低限度の生活を営む権利を有する」とされています。そのために，国には「社会福祉・社会保障・公衆衛生の向上及び増進に努める」義務が課せられており，環境整備に責任を負っています。本章第4節でみるように，児童福祉法は，この生存権が具体化したものの一つであるととらえることができます。保育所をはじめとする，保育が必要な子どものための生活の場を準備・確保することは，国の責任で行われるべきことであり，国は最大限の努力をする必要があります。

　また同時に，社会福祉の根拠となる権利として，第13条の幸福追求権があります。第13条は「すべて国民は，個人として尊重される。生命，自由及び幸福追求に対する国民の権利については，公共の福祉に反しない限り，立法その他の国政の上で，最大の尊重を必要とする」とされています。プライバシーの権利，知る権利，肖像権など日本国憲法には明記されていないいわゆる「新しい人権」は，幸福追求権を根拠にしていると考えられています。

○教育を受ける権利（第26条）

> 第26条　すべて国民は，法律の定めるところにより，その能力に応じて，ひとしく教育を受ける権利を有する。
> 第26条の2　すべて国民は，法律の定めるところにより，その保護する子女に普通教育を受けさせる義務を負ふ。義務教育は，これを無償とする。

　近代国家の多くでは，義務教育制度が設けられています。その背景には，「人々には教育を受ける権利があり，国家はその権利を守らねばならない」という考え方があります。1989年に国連総会で採択された「児童の権利条約」（日本は1994年に批准）にも，子どもの権利の

柱としての「育つ権利」のなかに「教育を受ける権利」が明記されています。そして日本国憲法にも，「教育を受ける権利」が明記されています。

第26条第1項では，教育は「すべての国民の権利」であることが明記されています。これは，国家に対しその権利を保障することを要求することができる，基本的人権のうち「社会権」と呼ばれる権利の一つです。この考えに基づき，日本では学校教育制度が，行政（国・地方公共団体）の責任において整備されています。

第2項では，小学校6年間・中学校3年間の9年間が義務教育とされ，「義務教育は無償である」とされています。このように，私たちの「教育を受ける権利」は，国が学校教育制度を整備し，無償の義務教育をすべての子どもに提供することで保障されています。また，同時に，「教育を受けさせる義務」も明記されています。これは保護者が負う義務であり，「勤労・納税の義務」と並んで「国民の三大義務」と呼ばれています。

日本国憲法第26条は，第1項で子どもに教育を受ける権利が付与され，第2項でその保護者に，教育を受けさせる義務が課せられるという構造になっています。しかしこの義務は，日本国籍を保有する「国民」のみを対象としていると解されるため，外国籍の家庭には適応されないという問題点があります。そのため，海外にルーツがある家庭の子どもが学校に在籍せずに，適切な教育が受けられないという不就学問題も生じています。

○平等原則——平等権（第14条）

日本国憲法第14条では，「すべての国民は，法の下に平等であつて，人種，信条，性別，社会的身分又は門地により，政治的，経済的又は社会的関係において，差別されない」権利があるとされます。これは平等権と呼ばれ，すべての子どもに対し，教育の機会均等が目指されるべき根拠とされます。しかし実際には，日本には，部落差別，在日コリアンへの差別，アイヌなど少数民族への差別や障がい者差別などがまだ根強く残っており，実質的に平等とはいえない状況があるともいえます。

また，第24条には，「両性の本質的平等」が規定されており，女性・男性の平等がうたわれています。しかしこれも，十分に実現されているかどうか，教育・保育現場のみならず社会のあらゆる場面において検証される必要があるといえるでしょう。

○思想・良心の自由（第19条）

第19条には，「思想・良心の自由」が定められています。「思想及び良心の自由は，これを侵してはならない」とされています。私たちがどのような思想をもつかは，絶対的に保障されるべき権利であるとされています。先に述べたように，戦前の学校教育においては，軍国主義を支える皇国臣民思想が子どもたちに教え込まれました。これは，学校教育を通して，特定の思想を子どもに信じ込ませる（教化する）ことを目的としていた点で「思想・良心の自由」の侵害であったととらえることができます。

○信教の自由／政教分離の原則（第20条）

　第20条１項では、「信教の自由」が保障されており、私たちは、いかなる宗教であってもそれを信仰する自由を有しています。戦前の皇国臣民思想は、国家権力と「神道」という特定の宗教とが結びついた国家神道によってうまれました。しかし、戦後の義務教育においては、特定の宗教に基づく思想の教化は認められません。そこで、信教の自由と同時に、国が特定の宗教を学校教育等にもち込まないために、第20条第３項では、「国及びその機関は、宗教教育その他いかなる宗教的活動もしてはならない」とされています。これは、「政教分離の原則」と呼ばれ、国家権力が特定の宗教と結びつくことを禁じています。このような制度的保障の規定によって、私たちの信教の自由は守られることになります。「政教分離」という言葉は、「政治（国家）と宗教の分離」を意味しますが、国や行政の責任で行われる学校教育においては、特定の教義の教化としての宗教教育を行ってはならないと理解されます。ただし、私立学校においては認められています（仏教系、キリスト教系の私立学校など）。

○学問の自由（第23条）

　日本は、国家権力が学問を侵害した歴史をもっています。第23条では、学問の自由が規定されており、その内容は「学問研究の自由」「研究発表の自由」「教授の自由」です。主に、大学における学問の自由についての規定であるととらえられがちですが、「教授の自由」は小学校・中学校・高等学校も含むべきであるという考えもあります。

3. 教育基本法

　日本国憲法で宣言された民主国家・平和国家を目指すという目的を実現するための柱として、戦後の日本では教育が重視されることになりました。そして、教育基本法は1947（昭和22）年に成立しました。日本国憲法が掲げる「民主的で文化的な国家の建設」と、「世界の平和と人類の福祉への貢献」について、改正前の教育基本法前文では、「これらの理想の実現は、根本において教育の力にまつべきものである」と規定されました。太平洋戦争（1941-1945）以前の教育制度の抜本的な改革が行われ、戦後の平和で民主的な社会を担う人材の育成が目指されることになりました。教育基本法は、日本国憲法の理念を実現し、戦後日本の教育の方向性を決める基本的な枠組みとしての役割を果たしています。まずは1947（昭和22）年に制定された教育基本法（旧教育基本法）をみてみましょう（表5-2）。教育の目的は「人格の完成」を目指すこととされ、後に続く条文には日本国憲法の精神が反映されていることがわかります。

　その後、2006（平成18）年の改正において明記された事項は、表5-3のとおりです。

　この改正により、教育基本法は全18条となりました。基本的な枠組みは継承しながらも、第２条では「教育の目標」が具体化され、「我が国と郷土を愛する」ことが盛り込まれるな

表 5-2 1947（昭和22）年成立の教育基本法

条　文	内　容（番号は項を示す）
第1条（教育の目的）	教育は、人格の完成をめざし、平和的な国家及び社会の形成者として、真理と正義を愛し、個人の価値をたつとび、勤労と責任を重んじ、自主的精神に充ちた心身ともに健康な国民の育成を期して行われなければならない。
第2条（教育の方針）	教育の目的は、あらゆる機会に、あらゆる場所において実現されなければならない。この目的を達成するためには、学問の自由を尊重し、実際生活に即し、自発的精神を養い、自他の敬愛と協力によって、文化の創造と発展に貢献するように努めなければならない。
第3条（教育の機会均等）	①機会均等・平等原則（人種、信条、性別、社会的身分、経済的地位又は門地によって、教育上差別されない） ②経済的事情で修学困難な者への援助義務
第4条（義務教育）	①9年間の義務教育②義務教育の無償
第5条（男女共学）	共学が認められるべきこと
第6条（学校教育）	①学校の設置者②教員の身分・待遇
第7条（社会教育）	①家庭教育・社会教育の行政による奨励 ②行政による社会教育施設の設置等努力義務
第8条（政治教育）	①政治的教養の尊重 ②公立学校における特定の政治教育／活動の禁止
第9条（宗教教育）	①宗教への寛容性の尊重 ②公立学校における特定の宗教教育／活動の禁止
第10条（教育行政）	①教育行政は「不当な支配」に服しない、国民に対する責任 ②教育行政の「条件整備」義務
第11条（補則）	必要に応じた法令制定

表 5-3 改正教育基本法（2006）で明記された事項

第4条（教育の機会均等）	②障害を持つ者への教育上必要な支援
第7条（大学）	①大学の役割、社会の発展への寄与 ②大学の自主性・自律性の尊重
第8条（私立学校）	行政による私立学校の振興の努力義務
第9条（教員）	①教員の使命、職責の遂行 ②身分・待遇、養成と研修の充実
第10条（家庭教育）	①子の教育に対する保護者の第一義的責任 ②行政による家庭教育の支援
第11条（幼児期の教育）	生涯にわたる人格形成の基礎、行政による幼児教育振興
第13条（学校、家庭及び地域住民等の相互の連携協力）	関係者の役割と責任の自覚、連携と協力の努力義務
第17条（教育振興基本計画）	①国による計画の策定と公表 ②地方公共団体における計画策定の努力義務

どの変更は物議を醸しました。また、第4条に障害をもつ子どもへの支援が明記され、家庭教育（第10条）や幼児期の教育（第11条）についても条文を設けて明記されたことなどがポイントとしてあげられます。また、第17条の教育振興基本計画は、5年ごとに策定されることになりました。

2　学校とは——学校をめぐる法規と制度

1．学校教育法

○学校の種類

　学校教育法第1条では，学校は「幼稚園，小学校，中学校，義務教育学校，高等学校，中等教育学校，特別支援学校，大学及び高等専門学校」と定められています。一般に「学校教育」という場合の「学校」とは，これらを指します（短期大学・専門職大学（専門職短期大学）・大学院は「大学」に含まれる）。

　これらの学校を，学校段階ごとに区切って呼ぶこともあります。幼稚園・小学校段階を「初等教育」（または第一段階教育），中学校・高等学校段階を「中等教育」（または第二段階教育），高校卒業以降の教育を「高等教育」（または第三段階教育）と呼びます。学校教育法第1条に記載されているこれらの学校は，「一条校」と呼ばれます。また，これら一条校以外の学校種としては，「専修学校」（いわゆる専門学校）や「各種学校等」等があります（表5-4）。法的な表現ではありませんが，幼稚園については，小学校と切り離して保育所等と同列にとらえ，「就学前教育」「初期教育」などと呼ぶ場合もあります。

　義務教育学校・中等教育学校は，比較的新しく生まれた学校であるといえます。義務教育学校は，いわゆる「小中一貫校」であり，中等教育学校は「中高一貫校」です。こうした「一貫校」が成立した背景にある考え方は，学校間のギャップの緩和や，受験勉強によって子どもが抱える負荷の緩和，過疎地域において子どもを集約するなどの期待があります。

　また，2019年から，専門職大学・専門職短期大学が新たに制度化されます。これらは学校教育法第1条における大学に含まれることとされ，実践的な職業教育を行う新しい高等教育機関であるとされています。

表5-4　学校教育法に定める学校

第一条に定める学校	専修学校	各種学校
幼稚園　小学校　中学校 義務教育学校　高等学校 中等教育学校　特別支援学校 大学及び短期大学 高等専門学校	専門学校	予備校　日本語学校 外国人学校（インターナショナルスクール，朝鮮学校など） 自動車学校

2．特別支援教育

　障害児を対象とする特別支援学校は，2007（平成19）年から学校教育法第１条に位置づけられました。それまでは，「特殊教育」として，盲・聾・養護学校において実施されていました。通常学校における特殊学級は，「特別支援学級」に移行しました。

　この特殊教育から特別支援教育への転換は，日本の障害児教育における重要な制度変更でした。特別支援教育の特徴は，新たに「発達障害児（自閉症，アスペルガー症候群，学習障害（LD），注意欠陥多動性障害（ADHD）など）」がその対象とされたことや，子ども一人ひとりの教育ニーズの把握・対応を基本とした「障害の種類や程度のみならず，子どもの視点に立って一人一人をより多角的総合的に見ていこうとする考え方と方法の変化」（柘植，2013）であったとされています。

　しかし，この障害の有無を根拠とする「別学体制」には，批判があるのも事実です（池田，2013）。戦後日本の教育制度は，すべての子どもの「教育の機会均等」を実現した，といわれますが，養護学校（特別支援学校）という「別枠」が存在することで，障害の有無により子どもが区別されているではないかとの指摘であり，「機会均等」の原則に反するという批判です。しばしば，障害児に対しては専門的な対応が必要であるため制度が分離していることは当然であり，正当であるといわれますが，どのようなあり方が望ましいのか，検討する余地があります。

　事実，国際標準は「インクルーシブ教育」になりつつあります。2006（平成18）年に国連総会で採択された「障害者権利条約」を背景に，国内では各分野において法整備が進められている最中です。健常者と障害者が同じ環境においてともに生活するという状態を「インクルージョン（参加・包含）」といい，学校におけるそのような教育のあり方を「インクルーシブ教育」といいます。ただし，文部科学省は，一般的教育行政から排除されないことをインクルーシブ教育としており，特別支援教育を容認する立場を表明しています。

　そうした国際的動向を受け，日本においても2016（平成28）年には「障害者差別解消法」が，「共生社会の実現に向けて障害を理由とする差別の解消を推進することを目的に制定」されました。これを受けて公立学校では，障害児に対する「合理的配慮」が義務づけられました。障害者権利条約によれば，合理的配慮とは「障害者が他の者と平等にすべての人権及び基本的自由を享有し，又は行使することを確保するための必要かつ適当な変更及び調整であって，特定の場合において必要とされるものであり，かつ，均衡を失した又は過度の負担を課さないもの」と定義されています。要するに，障害をもった学習者の申し出に応じて，そのニーズに応答しようとする義務が，各機関に課せられることになったのです。

　日本は，乳幼児期の段階を含め，あらゆる学校段階でインクルーシブな空間づくりが求められています。特別支援学校という「別学体制」を今後も維持すべきなのかどうか，と

いう議論を無視することはできないといえるでしょう。そして，多様な子ども・学習者が同じ場所に存在する状況（空間的統合）下で，いかに個別のニーズに応答できるかが問われているといえます。

3　教育行政

1．文部科学省と地方教育行政

　教育行政とは，教育法規により成文化された教育政策を，実現する営みのことをいいます。国レベルでは現在，文部科学省が教育行政を所管しています。文部科学省は，文部科学大臣を長とする国の行政機関です。たとえば，「文部科学省令」として各学校段階の設置基準を設ける権限があります。また「幼稚園教育要領」や各学校段階の「学習指導要領」は文部科学大臣による告示として学校現場に対し拘束力をもっています。学校の許認可や教育内容にいたるまで，文部科学省は大きな権限をもっているということができます。

　身近な学校に目を向けると，私たちの地域にある公立小中学校の多くは，市町村などの基礎自治体が設置しています。国レベルの行政組織と並んで，地方にも教育行政をつかさどるしくみがあります。その中心となるのが教育委員会です。国レベルと地方レベルの組織が同時に存在することについて，文部科学省は「国，都道府県，市町村がそれぞれ役割を分担し協力する体制」であると説明しています。

　地方の教育行政は，教育委員会を中心に行われています。教育委員会は，「地方自治法」「第百八十条の五」において，普通地方公共団体（都道府県・市町村）に必ず置かなければならない委員会として規定されています。そしてその役割は，同法において「学校その他の教育機関を管理し，学校の組織編制，教育課程，教科書その他の教材の取扱及び教育職員の身分取扱に関する事務を行い，並びに社会教育その他教育，学術及び文化に関する事務を管理し及びこれを執行する」とされています（第180条の8）。

　教育委員会の法的位置づけは，「行政委員会」という「合議制の執行機関」です。都道府県・市町村のすべてに設置され，自治体内における教育関連業務を所管しています。

　教育委員は，首長（都道府県・市町村などの地方公共団体の長）によって任命される非常勤職であり，教育委員のなかから代表者として教育委員長が選出されることとされていました。教育委員の資格に定めはありませんが，教職経験者や保護者代表，学識経験者などが任命

表 5-5　教育委員会の意義と特徴

意　義	①政治的中立性の確保　②継続性・安定性の確保　③地域住民の意向の反映
特　徴	①首長からの独立性　②合議制　③住民による意思決定

されています。そして，その意義と特徴は表5-5のとおりです。

2．地方教育行政制度の改革

　教育委員会が地方教育行政を担うことで，地域の現状に応じた教育行政が制度的に担保されてきた，とされていますが，いくつかの課題が指摘され，「地方教育行政の組織及び運営に関する法律」（以下，「地教行法」）の一部を改正する法律の施行（2015）をもって，教育委員会制度は刷新されることになりました。

　2013（平成25）年の中央教育審議会答申「今後の地方教育行政の在り方について」では，教育委員会制度が一定の役割を果たしてきたことを認めたうえで，「責任の所在の不明確さ」が課題として指摘され，制度の抜本的改革の必要性が指摘されています。文部科学省によれば，「教育の政治的中立性，継続性・安定性を確保しつつ，地方教育行政における責任の明確化，迅速な危機管理体制の構築，首長との連携強化を図るとともに，地方に対する国の関与の見直しを図る」と「地教行法」改正の趣旨が述べられています。

　新しい教育委員会制度の特徴は，以下の4つです。

①新「教育長」の設置

　従来の制度では，教育委員会が任命する教育長（常勤）と，教育委員会の代表であり，会議の主催者である教育委員長（非常勤）とが異なり，どちらが責任者であるのかがわかりにくくなっていました。

　法改正後は，首長が教育長（新教育長）を任命すること，また教育長を教育委員会の代表者とすることで，従来の教育委員長の役割も兼ねることになりました。言い換えれば，従来の教育長と教育委員長が一本化されたのが「新教育長」であるということができます。首長が教育委員会の代表者を任命することで首長の権限を強化する法改正であるといえます。しかしこれまで，教育行政は一般行政から独立してきたため，教育行政への首長権限の強化を懸念する声もあります。

②教育長へのチェック強化・会議の透明化

　新教育長へのチェック機能を強化するため，教育委員の定数の3分の1以上で会議を招集する請求が可能となりました。また，会議を透明化するため会議の議事録を作成・公表することとされています。

③「総合教育会議」の設置

　すべての地方公共団体に，「総合教育会議」が設置されることになりました。メンバーは首長と教育委員会（教育長含む）で構成されます。会議は原則公開で行われ，①教育行政の大綱策定，②教育の条件整備など重点的に講ずべき施策，③児童・生徒等の生命・身体の保護等緊急の場合に講ずべき措置などについて協議されます。ここにも，首長の関与が強まり，教育政策に首長の影響を反映できる制度改正であるということができます。

④首長による「大綱」策定

　大綱とは，教育の目標や施策の根本的な方針を指し，この大綱のもとに首長および教育委員会は所管の事務を執行することになります。地方公共団体としての教育政策に関する方向性が明確化することが期待されています。

3．教職員の制度

○地方公務員法

　学校教育法第2条では，学校の設置者について「国，地方公共団体及び学校法人」と定められています。国立の学校は「国立学校」，都道府県立・市町村立の学校は「公立学校」，学校法人立の学校を「私立学校」と呼びます。このように，学校に勤務する教職員の身分は，学校の設置主体によって法律上の位置づけが異なります。

　日本の小学校・中学校の多くは市町村を設置主体とした「公立学校」です。高等学校になると私立学校の比率が増加しますが，多くは都道府県立高校です。

　公立学校の教職員は，地方公務員です。したがって，地方公務員法に従う必要があります。地方公務員法における「服務規定」は，地方公務員としての教員が，どのような職業なのかを理解するのに役立ちます。

　まず，地方公務員である教員は「全体の奉仕者として公共の利益のために勤務し，且つ，職務の遂行に当つては，全力を挙げてこれに専念しなければならない」（第30条）とされています。また，「法令等及び上司の職務上の命令に従う義務」（第32条），「信用失墜行為の禁止」（第33条），職務上知りえた情報を，在職中も退職後も漏らしてはならないとする「秘密を守る義務」（第34条），「職務に専念する義務」（第35条），「政治的行為の制限」（第36条），「争議行為等の禁止」（第37条），「営利企業への従事等の制限」（第38条）などが規定されています。

○教育公務員特例法

　公立学校に勤務する教員は，地方公務員であり，かつ「教育公務員」とされ，通常の公務員とは区別されています。教育公務員に対しては「教育公務員特例法」が適用されます。ここでは，「服務」「研修」に関する規定について述べておきます。

（服務）

　「兼職及び他の事業等の従事」において副業が禁止されています。「公立学校の教育公務員の政治的行為の制限」においては，特定の政党や政治信条に基づく政治的行為が制限されています。

（研修）

　同法第21条から24条では，研修に関する規定が定められています。

　第21条では，「教育公務員は，その職責を遂行するために，絶えず研究と修養に努めなけ

ればならない」とされ，学び続けその力量を高めることで，教育公務員としての責任を果たすことが要請されています。したがって，教育公務員である公立学校の教員には，様々な研修の機会が与えられなければなりません。

　第22条では，「教育公務員には，研修を受ける機会が与えられなければならない」と明記され，「授業に支障のない限り，本属長の承認を受けて，勤務場所を離れて研修を行うことができる（第2項）」「任命権者の定めるところにより，現職のままで，長期にわたる研修を受けることができる（第3項）」と研修を受ける機会が制度的に保障されています。

　第23条では，「初任者研修」について規定されています。「初任者研修」とは，公立学校の教員として勤務する最初の年に受けることが義務づけられる実践的な研修であり，勤務する学校で任命される「指導教員」の指導・助言のもとで研修を受けます。

　第24条では，「中堅教諭等資質向上研修」について規定されています。これは中堅教諭等に対し実施される研修です。文部科学省は，中堅教員について「学級担任，教科担任として相当の経験を積んだ時期であるが，特に，学級・学年運営，教科指導，生徒指導等の在り方に関して広い視野に立った力量の向上が必要」としています。後に述べるように，現在は，「教員免許状更新講習」が10年ごとに義務づけられているため，更新講習との内容の重複をどうするかなどが現在議論されています。

　第25条では，「指導改善研修」について規定されています。指導改善研修とは，子どもに対する指導が不適切であると認定した教諭等に対し「その能力，適性等に応じて，当該指導の改善を図るために必要な事項に関する研修」とされています。そこで改善がみられないと判断された場合，免職などの措置が取られる可能性があります。

○教育職員免許法

　「教職員」という言葉は，教員（いわゆる教師）と学校に勤務する事務職員の両方を指しています。教員とは，「教育職員免許法」に定められた免許状を有する「教育職員」のことを指します。「教育職員」という言葉は，上に述べた「地方公務員」「教育公務員」としての公立学校の教員だけではなく，私立学校の教員も含む「免許状」をもつすべてのものを指します。

　教員免許更新制は2009（平成21）年から開始され，現在「教員免許状更新講習」が実施されています。文部科学省によれば，「その時々で求められる教員として必要な資質能力が保持されるよう，定期的に最新の知識技能を身に付けることで，教員が自信と誇りを持って教壇に立ち，社会の尊敬と信頼を得ることを目指すもの」であるとされ，不適格教員の排除を目的としたものではないとされています。

○公立の義務教育諸学校等の教育職員の給与等に関する特別措置法（給特法）

　「給特法」は，公立学校の教員について，時間外勤務・休日勤務の手当てを支給しない代わりに，その教員の標準給与月額に4％を加えて支給することを定めた法律であり，1971

（昭和46）年に制定されました。公立学校教員が多忙であるのは今に始まったことではありませんが，公立学校の「ブラック」な職場環境が可視化し，メディア等で報じられるにしたがい，「給特法」の問題点が指摘されるにいたっています。給特法により，いくら残業や休日勤務をしても手当が支給されないため，公立学校教員の労働環境悪化の温床として，改正の機運が高まりつつあります。

4 「乳幼児期の教育」の制度

　日本における乳幼児期の教育は，幼稚園や保育所における施設型保育を中心に展開してきました。戦後の量的な拡充とともに，小学校就学までに幼稚園か保育所に在籍しない園児はごく少数になりました。現在では，「幼稚園か保育所か」という二者択一ではなく，保護者と子どもにとって多くの選択肢が開かれる「多元化」状況が広がりつつあるといえます。本節では，日本の施設型保育が幼稚園と保育所を中心に広がってきたことを受け，両者の違いを確認したうえで，近年の多元化する乳幼児期の教育の場をみていきたいと思います。

　なお，「乳幼児期の教育」という言葉は，海外でECEC（Early Childhood Education & Care）と呼ばれるものに該当します。この言葉は，就学前の幼児教育・保育のことを指しています。ECECは，「乳幼児期の教育とケア」「乳幼児期の教育と保育」などと翻訳されることが多いですが，本書では「乳幼児期の教育」と表記します。

1．幼稚園と保育所の比較

〇法的位置づけ
（幼稚園）
　戦後日本の乳幼児期の教育を支えてきたのは，幼稚園と保育所です。幼稚園は，第2節で述べたように，学校教育法第1条で定められる「学校（一条校）」であり，幼稚園で行われる教育は，学校教育であるという規定になっています。
（保育所）
　保育所は，児童福祉法に根拠を有する「児童福祉施設」です。保育所の根拠法である児童福祉法の基本的な考え方をみてみましょう。

> 第1条　全て児童は，児童の権利に関する条約の精神にのつとり，適切に養育されること，その生活を保障されること，愛され，保護されること，その心身の健やかな成長及び発達並びにその自立が図られることその他の福祉を等しく保障される権利を有する。

> 第2条　全て国民は，児童が良好な環境において生まれ，かつ，社会のあらゆる分野において，児童の年齢及び発達の程度に応じて，その意見が尊重され，その最善の利益が優先して考慮され，心身ともに健やかに育成されるよう努めなければならない。
> ○2　児童の保護者は，児童を心身ともに健やかに育成することについて第一義的責任を負う。
> ○3　国及び地方公共団体は，児童の保護者とともに，児童を心身ともに健やかに育成する責任を負う。

　保育所は，児童福祉法に規定されているこれらの理念が具現化したもの，と考えられます。保護者が子どもの育成について「第一義的責任」を負うとしながらも，国や地方公共団体（都道府県・市町村など）に対しても，子どもの健やかな育成に責任を負うべきことが規定されています。このような規定が，保護者による虐待や不適切な養育環境におかれた子どもの保護や，社会的養護の根拠ともなっています。

　児童福祉施設は保育所のほか，児童福祉法第7条において「助産施設，乳児院，母子生活支援施設，保育所，幼保連携型認定こども園，児童厚生施設，児童養護施設，障害児入所施設，児童発達支援センター，児童心理治療施設，児童自立支援施設及び児童家庭支援センター」と規定されています。

○目　的

（幼稚園の目的）

　学校にはそれぞれの学校種ごとに目的と目標が定められています。幼稚園の目的は，教育基本法における教育の目的（第1条），教育の目標（第2条），義務教育の目的（第5条第2項），に基づき「学校教育法」に定められています。学校教育法第21条には，普通教育の目標が定められています。幼稚園は，「義務教育及びその後の教育の基礎」と位置づけられ，その目的は「幼児を保育し，幼児の健やかな成長のために適当な環境を与えて，その心身の発達を助長すること」（第22条）とされています。

（保育所の目的）

　保育所は，上であげた児童福祉法第1条・第2条における基本原理に基づいています。保育所保育指針において，「児童福祉法第39条の規定に基づき，保育を必要とする子どもの保育を行い，その健全な心身の発達を図ることを目的とする児童福祉施設であり，入所する子どもの最善の利益を考慮し，その福祉を積極的に増進することに最もふさわしい生活の場」であると明記されています。

○その他のちがい

　表5-6には，幼稚園と保育所の制度的な違いを示しました。第6章でみたように，幼稚園と保育所は施設の法的位置づけが異なり，背景にある思想も異なります。「幼保一元化」

表 5-6　幼稚園と保育所の比較

	幼稚園	保育所
所　管	文部科学省	厚生労働省
根拠法	学校教育法	児童福祉法
対象児童	1号認定	2号・3号認定
要　領	幼稚園教育要領	保育所保育指針
免許・資格	幼稚園教諭免許状	保育士資格

が長らく課題とされてきましたが，実現にいたっていないのが現状です。むしろ，認定こども園の創設により，制度はやや複雑になっています。

2．2015（平成27）年度以降の制度（子ども・子育て支援新制度）

○認定こども園

　認定こども園は，2006（平成18）年の「就学前の子どもに関する教育，保育等の総合的な提供の推進に関する法律（認定こども園法）」の成立により発足した新しい保育施設です。多くの場合，元々幼稚園あるいは保育所として保育施設を運営する事業者が，認定を受け移行するという形式をとるため，認定こども園には幼保連携型・幼稚園型・保育所型・地方裁量型の4つの類型区分が設けられました。認定こども園発足の背景には，待機児童の増加があり，認定こども園による受け入れ枠の増加により，その解消が考えられていましたが，設置数は伸び悩むことになりました。

　2015（平成27）年度から，子ども・子育て支援新制度（以下，「新制度」）が開始されました。消費税率が5％から8％となった税収を財源に，子育て政策を質・量ともに拡充しようとする非常に大きな改革となりました。

　その一つとして，幼保連携型認定こども園が内閣府の管轄のもと「学校及び児童福祉施設」としての法的位置づけを与えられました。それにともなって，『幼保連携型認定こども園教育・保育要領』が公布されました。「新制度」下の認定こども園制度は表5-7のとおりです。

　幼保連携型認定こども園で勤務する保育者は「保育教諭」と呼ばれることになりました。これは，保育教諭という新たな職が新設されたわけではなく，幼稚園教諭免許状と保育士資格の両方を併有し，幼保連携型認定こども園で働く保育者のことを保育教諭と呼ぶ，という点に注意が必要です。

○地域型保育事業の新設

　「新制度」では，地域型保育事業が新設されました。20人未満の少人数を対象とし，0歳から2歳までの子どものみを保育する事業で，以下の4つのタイプがあります。

①家庭的保育（保育ママ）（定員5人以下）

表 5-7 「新制度」下の認定こども園の類型

	幼保連携型	幼稚園型	保育所型	地方裁量型
法的性格	学校及び児童福祉施設	学校 (幼稚園＋保育所機能)	児童福祉施設 (保育所＋幼稚園機能)	幼稚園機能＋ 保育所機能
設置主体	国　自治体　学校法人	国　自治体　学校法人	制限なし	
職　員	保育教諭 (幼稚園教諭＋保育士)	○3歳以上→両資格・免許の併有が望ましいがどちらかでも可 ○3歳未満→保育士資格が必要 ※「保育所型」では教育相当時間以外の時間に保育する場合は保育士資格が必要		

事業者の居宅で保育を実施する。

②小規模保育（定員6～19人）

少人数を対象とする保育であり、保育士資格の保有者の数や定員により、A型・B型・C型の3類型がある。

③事業所内保育

会社の事業所の保育施設

④居宅訪問型保育

保育を必要とする乳幼児の居宅で、家庭的保育者が1対1で保育する。家庭的保育者とは、必要な研修を修了した保育士又は保育士と同等以上の知識及び経験を有すると市町村長が認めるものを指す。

地域型保育事業は、基本的には、待機児童の多い0歳児から2歳児を対象としています。待機児童解消に寄与することが期待される反面、国の基準では必ずしも保育士の資格を要件としておらず、保育の質の低下が懸念されています。

○保育の必要性の認定

「新制度」では、認可を受けた保育施設を利用しようとする際には、保護者が市町村に申請し、支給認定を受ける必要があります。支給認定は市町村が行い、子どもの年齢や保育の必要性の認定の有無に応じて、対象の子どもは1号・2号・3号認定のいずれかに区分されることになります。

・1号認定子ども　教育標準時間認定：満3歳以上（保育の必要性なし）
・2号認定子ども　保育認定：満3歳以上（保育の必要性あり）
・3号認定子ども　保育認定：3歳未満（保育の必要性あり）

また、2号・3号認定の子どもに関しては、保育を必要とする事由や保護者の状況に応じて、最長11時間の保育施設の利用が認められる「保育標準時間認定」か、最長8時間の「保育短時間認定」に分けられます。この認定区分によって、利用できる施設や時間が異な

表 5-8 認定区分による利用可能な保育施設

	幼稚園	保育所	認定こども園		地域型保育
			教育標準時間	保育標準時間・保育短時間	
1号認定	○		○		
2号認定		○		○	
3号認定		○		○	○

ります（表5-8）。

　現在は，「幼稚園か保育所か」ではなく，制度改正によって子どもたちにとっての保育経験が多様になりつつあります。子どもたちの多様な就学前段階での経験を，小学校教育といかに円滑に接続するかも重要な教育課題です。

参考・引用文献
池田賢市（2013）「教育の機会均等理念の課題——6・3・3・制再考の意義を中心に」日本教育制度学会（編）『現代教育制度改革への提言（上）』東信堂
柘植雅義（2013）『特別支援教育』中央公論新社

第6章
諸外国における教育・保育

◆この章で学ぶこと
・学校体系の多様性に触れ，日本の学校体系の特徴を知る。
・国際的な動向から，日本における乳幼児期の教育の特性を知る。
・多様な保育実践に触れ，日本の保育の特性を理解する。

1 諸外国の学校体系

1．学校体系の分類

　学校体系とは，各学校段階の接続のあり方のことを指します。学校体系は，国によって異なり，一般的には，複線型学校体系・分岐型学校体系・単線型学校体系に分類されます（図6-1）。これは多様な学校体系を単純にモデル化したものであるため，現実の学校体系はより複雑です。学校体系には，その国や時代の教育をめぐる考え方が反映されているととらえることができます。

〇複線型

　複線型は，子どもの社会階層，性別，身分の違いなどにより複数の学校系統があり，それらが横のつながりをもたず併存している学校体系のことをいいます。基本的にこの学校体系では，学校系統間を移動することはできません。国民皆学，教育の機会均等といった理念や，義務教育としての公教育制度が普及する以前，特にヨーロッパを中心に発達しました。身分によって入ることのできる学校が異なる，身分制社会の思想が反映されている

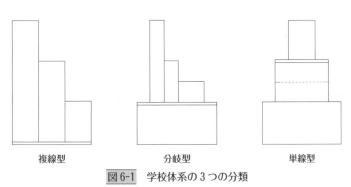

図6-1　学校体系の3つの分類

出所：藤田英典，1997

といえます。

○分岐型

　分岐型は，多くの場合，初等教育（小学校）段階ではみな同じ学校で学び，中等教育段階から複数の学校系統に分かれます。戦前の日本は複線型／分岐型だったととらえることができます。現在では，ドイツが分岐型の学校体系を採用しています。

○単線型

　単線型は，ひとつの学校系統で成り立っている学校体系です。教育の機会均等の理念に基づいており，初等教育（小学校）→中等教育（中学校・高等学校）→高等教育（大学・短大等）と，能力に応じて進学できます。

　現在の日本は，単線型を採用しています。戦後日本の教育制度は，アメリカの影響を受け，「6－3－3制」を採用し，現在でもその大枠は変わっていません。しかし少しずつ単線型が修正され，高等専門学校（後期中等教育＋高等教育）や中等教育学校（前期中等教育（義務）＋後期高等教育（非義務））などが制度化され，多様化しつつあるといえます。

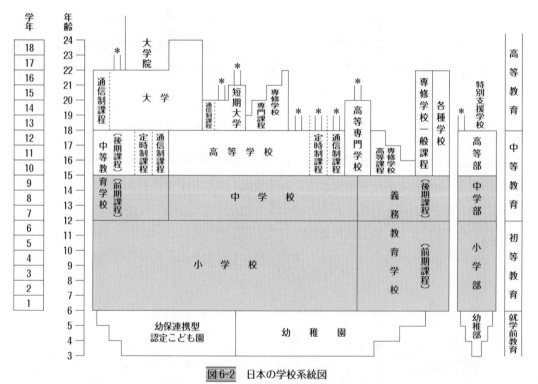

図6-2　日本の学校系統図

出所：文部科学省ホームページ
注：1　□部分は義務教育を示す。
　　2　＊印は専攻科を示す。
　　3　高等学校，中等教育学校後期課程，大学，短期大学，特別支援学校高等部には修業年限1年以上の別科を置くことができる。
　　4　幼保連携型認定こども園は，学校かつ児童福祉施設であり0～2歳児も入園することができる。
　　5　専修学校の一般課程と各種学校については年齢や入学資格を一律に定めていない。

日本の学校体系は単線型であるととらえられていますが，特別支援学校の存在を念頭に「複線型」となっているとの批判もあります（図6-2）。

2．諸外国の学校制度

諸外国においてどのような学校制度が採用されているかを知ることは，日本の学校制度の特徴を外部の視点から理解することにつながります。そのことを通して，日本の学校制度のあり方を再検討する視点を得ることができます。日本とつながりが深いと考えられる，主要先進国の学校体系を概観します。

○アメリカ

アメリカの学校制度は，州ごとに異なります。義務教育は，6歳からとする州がもっとも多く，義務教育年限は，9年から，1年間の就学前教育を含めた13年まで州により異なります。

初等中等教育は，合計12年であり，制度は多様です。5－3－4制や4－4－4制が主流ですが，6－3－3制や8－4制，6－6制などもあります。

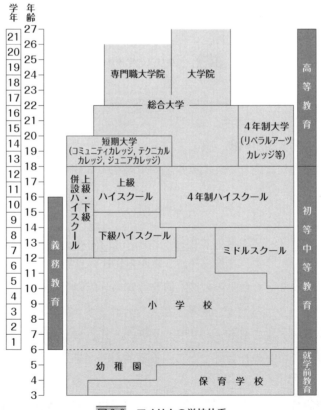

図6-3　アメリカの学校体系
出所：文部科学省ホームページ

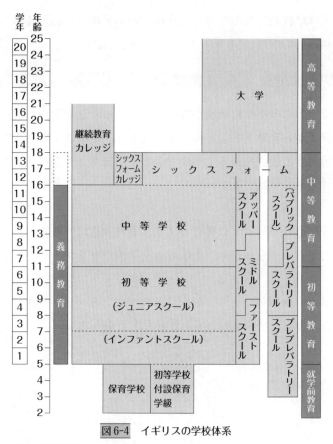

図6-4 イギリスの学校体系
出所：文部科学省ホームページ

　日本では，6－3－3制が戦後一貫して守られてきていますが，見直しの議論があります。子どもの発達の過程に応じて，柔軟な発想で現在の学校体系を再検討する視座が必要です（図6-3）。

○イギリス
　イギリスは，イングランド・ウェールズ・スコットランドおよび北アイルランドの4地域からなる「連合王国」です。義務教育は5歳から16歳の11年間です。初等教育（小学校）は6年間，単一の学校で行われ，その後，義務教育の5年間とその後の2年間（シックス・フォーム）の計7年間の中等教育が，中等学校で行われます。基本的には単線型の学校体系といえますが，エリート校である「パブリックスクール」につながる学校系統をもち，階層社会であるイギリス特有の社会背景から，複線的な制度を残しています（図6-4）。

○フランス
　フランスの義務教育は，6歳〜16歳までの10年間です。初等教育は，6歳から10歳までの5年間，小学校で行われます。前期中等教育は，11歳〜14歳を対象に，4年間「コレー

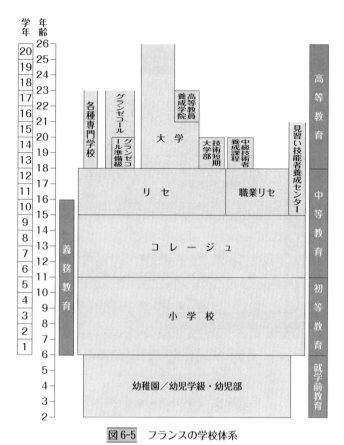

図6-5　フランスの学校体系
出所：文部科学省ホームページ

ジュ」で行われます。後期中等教育（高等学校）は，「リセ（3年）」「職業リセ（2年）」で行われ，ここで進路が分岐することになります。コレージュからリセへの進学にあたっては，コレージュでの4年間の観察・進路指導に基づき，「リセ」「職業リセ」に振り分けられるため，いわゆる高校入試はありません（図6-5）。

〇ドイツ

ドイツは連邦制国家であるため，学校制度も州によって異なります。義務教育は6～15歳の9年間で，日本と同様です（一部の州では10年）。初等教育は基礎学校（グルントシューレ）において4年間行われ，その後10歳から，能力や適性に応じて「ハウプトシューレ」「実科学校」（職業教育）・「ギムナジウム」（大学進学）に分岐する分岐型学校体系を有しています。10歳の段階で，その後の職業が概ね決定する学校制度になっています。「早期の分岐」という観点は，日本の子どもの学校経験のあり方を考える際にも，大きな示唆を提供するといえます（図6-6）。

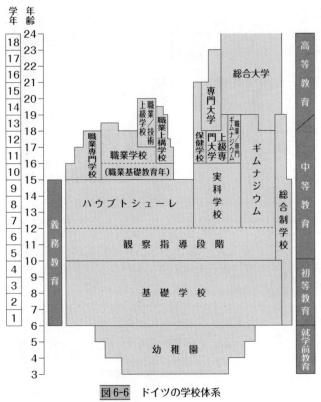

図6-6 ドイツの学校体系

出所:文部科学省ホームページ

2　乳幼児期の教育への国際状況

　本節では、現在国際的に乳幼児期の教育への注目が集まっていること、またその関心や論点について紹介します。特に、OECD（経済協力開発機構）は、乳幼児期の教育（Early Childhood Education & Care：ECEC）に積極的に国が「投資」すべきであるという議論を積極的に展開しています。その根拠や背景には、多くの調査・研究の成果が反映されています。それら諸外国において主に展開されている議論をみることを通して、日本の保育・幼児教育を検討する視座を得ます。

1．乳幼児期の教育（ECEC）への注目とその背景

○ ECEC の効果

　近年、子どもの育ちにとって、乳幼児期の教育（ECEC）が決定的に重要である、という研究成果が次々と報告されています。OECD（2006／2011）は、「ECEC の早期からの利用は、乳幼児に人生の良いスタートを与え、それは特に低所得層や母語が外国語であるグループ

の乳幼児に著しい」と指摘しています。

ここで指摘されている「低所得層」の子どもへのECECの効果は，経済的に厳しい状況下で生活する子どもたちへの保育や，格差社会化する日本においても示唆的であるといえます。また，「母語が外国語である子ども」とは，近年日本に増加しつつある，海外にルーツのある多様な文化的背景をもつ子どもたちが該当します。日本語を母語としない子どもたちの日本社会への定着にとって，重要な視点です。

○公的サービスとしてのECEC

また，OECDによれば，諸外国のECECをめぐる議論の観点の一つは，ECECは，国が積極的に関与すべき「公的サービス」として実施されるべきであるということです。具体的には，国がECECに積極的に予算措置すべきであるという観点です。

現在日本では小学校段階・中学校段階が義務教育とされ，その「無償」が日本国憲法で規定されています。それに対して，乳幼児期の教育段階においては，その費用について家庭が負担しています（家庭の負担は，原則的には世帯収入に応じる「応能負担」となっています）。日本における乳幼児期の教育の「無償化」あるいは「義務化」をめぐる議論は，現在各家庭が負担している「保育料（認可外保育施設を含む）」をどの程度国が負担するかという議論と密接にかかわります。国による負担の原資は当然，「税金」になります。

税金の適切な支出が正当化されるには，その分野に予算措置することが有効であるという「根拠」が必要です。その根拠とは，調査や研究から得られる科学的・学問的な知見という形式をとることが通例です。このような，科学的・学問的根拠に基づいて保育がなされるべきだ，という考え方は「エビデンスに基づく」（エビデンス・ベースト：evidence based）保育と呼ばれ，この考え方が生じてきた背景にはECECを公的サービスとして位置づけ，公的支出の対象とすべきであるという国際的な潮流があるといえます。

2．乳幼児期の教育（ECEC）における無償化の動向

諸外国の乳幼児期の教育についてみる意義は，日本の乳幼児期の教育のあり方を，問い直す視点を得ることにあると考えられます。すでに述べたように，日本の乳幼児期の教育のなかにも様々なやり方があり，多様性があります。しかし，諸外国の立場からながめることにより，外部の視点から日本の保育を相対化することは重要なことです。

多くの国では，3歳以上の子どもへの教育にくらべ，3歳未満の子どものためのサービスの供給にはあまり注意が向けられていないといわれています（OECD, 2006）。0歳から3歳の子どものためのサービスとしては，ベビーシッターなどの「家庭的保育」，日本の保育所や幼稚園に該当する「施設型保育所」「統合的施設（1歳から6歳）」が中心です。

3歳以上の幼児教育段階に目を向ければ，先進国の動向として「無償化」する国が増えています。大宮（2006）によれば，世界的な流れとして「就学前の数年間は無償で幼児保育

表 6-1 OECD 諸国の保育の権利規定と無償化の状況

国 名	権利規定	無償化の状況
アメリカ	規定なし（大半の州で5～6歳児の80％が就園・無償）	左記以外は有料
イギリス	4～5歳児の無償の保育学校への権利	4～5歳の保育は無料
イタリア	3～6歳の幼児学校就学の権利	3～6歳の公立施設は無料
オーストラリア	なし	4歳から5歳の保育は大半の州で無料
オランダ	4～6歳の幼児学校就学の権利	4～6歳の保育は無料
ベルギー	2歳半から6歳までの保育への権利	2歳半から6歳までの保育は無料

出所：大宮，2006，p.16を参考に作成

を行う「ユニバーサルアクセスの時代」に突入している」とされています。表6-1は，OECD (2006) に基づき，各国の保育の権利規定と無償化の状況の一部をまとめたものです。

保育・幼児教育を合わせた乳幼児期の教育段階の「無償化」は，公的資金によって実現しています。それだけ，国が乳幼児期の教育段階の重要性を認め，多額の負担をしているということです。日本でもようやく無償化をめぐる議論がなされ，2019年10月からの3歳以上児の無償化が決定しました。これは，世界的な動向とも合致する政策です。

また，乳幼児期の教育の無償化は，労働政策とも関連しています。産前・産後休暇や職場復帰後の地位保全などの権利保障などと合わせて実施される必要があります。日本では，男性の育児休暇取得率の低さが話題となっていますが，この点でも欧米諸国から大きく立ち遅れているといわざるをえません。

3．諸外国の乳幼児期の教育の質を考える視点

○就学準備型と生活基盤型

OECD (2006) は，関係諸国の「保育カリキュラム」を調査し，アメリカに代表される「就学準備（アカデミック）型」，北欧諸国の「生活基盤（ホリスティック）型」に分類しています。それぞれの特徴を表6-2のように整理しています（泉，2017）。

OECDは，就学準備（アカデミック）型を批判的にとらえ，生活基盤（ホリスティック）型の保育カリキュラムを評価しています。両者の違いは，前者は教師主導・学業達成への志向・到達目標の設定などの特徴があるに対し，後者では子ども主導・遊びや経験志向・到達目標を設定しないことなどが特徴的です。表6-2を見ると，遊びを中心とする日本の伝統的な乳幼児期の教育は，北欧の生活基盤型に近いと考えることができます。しかし，近年の「小学校との接続」の重視により，日本の乳幼児期の教育が，就学準備型へと軸足を移しつつあるとの懸念も表明されています（大宮，2006）。

○ECECの方向性をめぐる提言

OECDは生活基盤型の保育カリキュラムを評価する立場から，乳幼児期の教育に関連す

表 6-2 伝統的な2つの保育カリキュラム

	就学準備（アカデミック）型	生活基盤（ホリスティック）型
子どもと子ども期の理解	将来の生産性の高い知識労働者への投資、学校へのレディネスに焦点化。	権利の主体としての子ども、自分自身の学びの方略をもった有能な子ども。
保育施設	定められたレベルに到達することを期待。	子どもの発達と学びを援助し民主的な価値ある経験を提供。
カリキュラム開発	目標と成果を詳細に定めた国のカリキュラム。標準化された方法。	枠組み規定。詳細化と実行は自治体と施設に任される。
プログラムの焦点	就学準備に役立つ領域。主に教師主導。詳細なカリキュラム目標の達成。	子どもと家族とともに広く学ぶ。施設での生活の質に重点。
教育の方略	国のカリキュラムは正しく実行すること。個人の自律と自己調整に力点がおかれる。	国のカリキュラムはテーマやプロジェクト選択のガイド。子どもの方略に信頼をおく。
言葉・読み書き	識字重視。読みの前段階の知識・技術等の基準がつくられている。	母語の個人的能力への焦点化が重要。「子どもたちの100の言葉」を重視。
子どもの目標	マニュアル化された達成目標の設定。	広く緩やかな方向づけ。努力目標。
室内屋外空間	室内が第一の学習空間で、室内の資源に焦点があてられる。	室内も屋外も同等に教育的に重要。環境とその保護は重要なテーマである。
評価	小学校入学時に、学習の成果と評価が要求される。	親・子どもの話し合いで発達目標を設定。
質の管理	明確な目標、査察により実施。施設の評価は標準化検査が使用される。	参加型。成果の質はドキュメンテーションを使用。

出所：OECD, 2006, p.141；泉, 2017, pp.26-27をもとに筆者改変

表 6-3 OECD（2006）による政策提言

1. 乳幼児期の発達をとりまく社会的な状況に注目すること（社会的平等・家族の幸福と社会参加・女性の機会均等）
2. 子どもの幸福・早期の発達・学習をECEC事業の中核におき、一方で子どもの主体性と子どもの自然な学習ストラテジーを尊重すること
3. 制度の説明責任と質の保障に必要なガバナンスの構造を構築すること・地方分権化・サポート（サブ）システムと機関
4. すべてのECECサービスを対象とする、幅広く緩やかな指針とカリキュラム基準を利害関係者と協力して作成すること
5. ECECへの公的支出の概算を、高い質の教育目標の達成を基準にして行うこと
6. 財政・社会・労働政策によって、子どもの貧困と社会的排除をくいとめ減らすこと。多様な学習権をもつ子どもに向けて、すべての子どもに開かれたプログラムのなかで資源を増やすこと
7. 乳幼児期サービスに家族と地域コミュニティの参加をうながすこと
8. ECECの職員の労働条件と専門職教育を改善すること
9. 乳幼児期のサービスに対して、自律性を認め、資金を提供し、支援をすること
10. 幅広い学習・人々の参加・民主主義を支えるECEC制度を志向すること

出所：OECD, 2006より作成

る各セクターに対し、政策提言を行っています（表6-3）。

　こうした国際的な動向をふまえ、日本においても政府や地方行政レベルから、それぞれの乳幼児期の教育の現場にいたるまで、各レベルの課題に応じた、保育の質向上策が求められています。日本の保育現場では、保育者への過重な負担により保育の質が担保されて

いる側面があります。個々の保育者が保育の質向上のカギを握っていることは間違いありませんが，現場まかせにせず，保育者の日々の実践を支えるための制度設計が求められます。

3 諸外国における多様な保育実践

　本節では，各国の著名な保育のあり方を紹介することを通して，日本における乳幼児期の教育を探究する手掛かりを探ります。他国の実践の背景にある思想や実践からヒントを得て，学ぶべき点や日本に導入する際の課題について検討する視点が重要です。

1．レッジョ・エミリア市の幼児教育（イタリア）

　乳幼児期の教育について，「就学準備型」「生活基盤型」という保育カリキュラムの分類を紹介しましたが，その中身は多様で，様々な方法があります。世界でも名高く，「生活基盤型」の代表としてよく知られているのはイタリア「レッジョ・エミリア市」の幼児教育です（図6-7参照）。

　レッジョ・エミリア市の幼児教育の背景にあるのは，ローリス・マラグッツィという教育思想家の考えです。マラグッツィは，心理学をおさめ，レッジョ・エミリア市の教育主事として幼児教育の改革を推進した教育思想家です。

　レッジョ・エミリア市の幼児教育は，現在，約30の乳児保育所（0歳から2歳）と，約30の幼児学校（3歳から6歳）において，独自のシステムが採用されています。「レッジョ・アプローチ」と呼ばれ世界的に評価されるレッジョ・エミリア市の幼児教育は，マラグッツィを中心に市全体でつくりあげてきた，そのシステムに特徴があるといえます。

　各乳児保育所と幼児学校には，「ペダゴジスタ」（教育学者）と呼ばれる教育主事と，「アトリエリスタ」（美術教師）と呼ばれる芸術教師が配置されています。

　空間の構成も特徴的で，子どもがその創造的な活動をうながされるように工夫が凝らされています。乳児保育所と幼児学校は，その園舎の中心に食堂と各教室に連続する「広場（ピアッツァ）」と呼ばれるオープンスペースとなっており，隣接して「アトリエ」が設置されています。

　「子どもたちの100の言葉」というレッジョ・アプローチの理念は，大人が理解している子どもの姿が常に

図6-7　ワタリウム美術館（2013）『レッジョ・エミリアの幼児教育：驚くべき学びの世界』（DVD）

一面的なものにならざるをえないことに警鐘を鳴らすとともに，大人には理解しきれない，子どもという存在の無限の豊かさを示しています。子どもの声に真摯に耳を傾けることの必要性，子ども中心主義の実践を求めているように受け取ることができます。

マラグッツィは，以下のように述べています。

　「幼児学校は，社会政策が一般にひいきにしている福祉や（母親，女性，家族の）補助の任務への従属から解放されるときに始まります。幼児教育は，経済至上主義や学校の質の低下，子ども，家族，教師とその研修や職務の質の低下を避けることによって始めることが出来るのです」（レッジョ・チルドレン，2012）。

女性の労働問題や待機児童問題，そうした「大人の事情」からは独立した場所に，乳幼児期の教育が構想されるべきであるとするこの思想は，日本においても顧みられる価値があると思われます。

2．テ・ファリキ（ニュージーランド）

子どもにとって「意味ある」生活をどのようにつくるかという問題意識からつくられた保育カリキュラムとして，ニュージーランドの「テ・ファリキ」があげられます。テ・ファリキとはニュージーランドの先住民族マオリ語の言葉で，「織物」を意味しています。そのカリキュラムは，保育の大枠を示しており，多様な保育実践が認められるべきという考えの表現である「誰もが乗れるマット」という意味合いがあります。また，直線的な子どもの発達観から決別し，縦糸と横糸が複雑に張りめぐらされることででき上がる織物のつくられ方が，子どもの育ちの比喩として用いられています。

テ・ファリキが目指す人間像は，以下のとおりです。

　「心・身体・精神が健康であり，自分が何かの一員として所属している実感をもち，自分が社会に対して価値ある貢献をしようとする信念を持ち，有能で自信を持った学び手として，またコミュニケーションの担い手として子どもたちが成長していくことをめざす」（大宮，2006）。

この人間像から，5つの要素を取り出して，保育の具体的な目標として「健康」「所属感」「貢献」「コミュニケーション」「探究」という5つの領域が設けられており，それぞれの領域に3～4項目の目標が設定されています。

これらの保育のあり方はいずれも，「就学準備型」ではなく「生活基盤型」の保育として

分類されるものです。日本の伝統である，遊びを中心とした保育は，「生活基盤型」として発展してきました。「生活基盤型」のよさを再確認し，「就学準備型」に傾くことなく，諸外国から学びながら，日本の保育をより良いものにしていく視点が求められます。

参考・引用文献
藤田英典・田中孝彦・寺崎弘昭（1997）『教育学入門』岩波書店
泉千勢（2017）『なぜ世界の幼児教育・保育を学ぶのか――子どもの豊かな育ちを保障するために』ミネルヴァ書房
OECD　星三和子ほか（訳）（2011／2006）『OECD保育白書　人生のはじまりこそ力強く――乳幼児期の教育とケア（ECEC）の国際比較』明石書店（OECD（2006）Starting Strong Ⅱ）
大宮勇雄（2006）『保育の質を高める』ひとなる書房
レッジョ・チルドレン（2012）『子どもたちの100の言葉――レッジョ・エミリアの幼児教育実践記録』日東書院

第7章
教育の方法

◆この章で学ぶこと
・旧来の学校教育における教育方法を批判的に検討できる。
・乳幼児期の教育方法の基本原理を説明できる。
・これからの子どもたちに必要な資質・能力と，教育方法との関連を説明できる。

1 教育方法の基礎——一斉教授と子どもの「経験」

　学校における教育活動の基本的な単位は，「授業」です。佐藤学は，授業の過程を，「デザイン」「実践」「評価」の三つの段階に分けています。その中心は「実践」であり，「実践」は，教師と教材と子どもの相互作用によって展開されると述べています。この相互作用による教室のコミュニケーションは，教師の意図にそってデザインされた「教師と子どもの間のコミュニケーション」，その過程の「子ども相互のコミュニケーション」によって構成されるとしています（佐藤，2010）。
　「授業」は，乳幼児期の教育においては行われません。しかし，「授業」を「活動」と言い換えれば，「デザイン」「実践」「評価」という過程は，乳幼児期の教育にも当てはまります。「デザイン」は「計画」，「評価」は「反省」とも言い換えることができます。そしてこの3つの段階は，「段階的過程ではなく，往還的で循環的な過程」（佐藤，2010）です。つまり，教師（保育者）の教育活動は，「計画」→「実践」→「評価」→「計画」……と，この過程をくりかえすことです。
　本章では，教育の方法について論じます。これは，上の教育活動の段階では「実践」に相当する部分です。教育の方法は，その実践を通して子どもが何を身につけるか，という教育の目標と密接にかかわっています。教育の方法は多様であり，それぞれ特徴や利点・欠点があります。教師・保育者は，教育的意図をもって，子どもを教育することが求められます。したがって，教師・保育者は，多様な教育の方法の特徴について理解しておく必要があります。

1．一斉教授とその問題点

　私たちのイメージする「授業」は，黒板の前に先生が立ち，板書しながら発問し，学習者は手を挙げて先生の発問に答える。あらかじめ決められた教科書を使い，一斉にページ

をめくりながら学習が進められていく。そして，授業は「クラス（学級）単位」で行われる。このようなイメージをもつ人が多いでしょう。

このようなスタイルでの授業を，「一斉教授（一斉授業）」といいます。日本の学校教育は，同年齢の子どもの集団である「学級」を単位として，一斉教授を中心に実施されてきました。しかし近年，このようなスタイルでの授業への批判が多く提出されるようになってきています。では，学級を単位とする一斉教授には，どのような特徴があり，どのような問題点があるのかを考えてみます。

○「学級」の成立

柳（2005）は学級について，「強制的に子どもが学齢に達すると参加しなければならない」ものであり，「教師の指導の善し悪しとは関係なく，生徒に多くの緊張をもたらす」と述べています。そもそも私たちが「当たり前」と考えている学級での生活は，子どもにとって多くのストレスをもたらしている，という見方が示されています。

柳はまた，学級の機能を「事前制御」という概念を用いて説明しています。事前制御の意味は「ある曜日，どの時間に，どの「学級」の生徒が，どの教室で，何を学習するのか，だれが教えるのか。必要なことはすべて事前に「時間割」として決められている」（柳，2005）ということです。つまり事前に，子どもの学びが教師によってコントロールされている，ということを指しています。このことは，いったい何が問題なのでしょうか。少し長いですが，引用します。

> 「（前略）事前制御された「学級」の中で生活するには，児童・生徒が自己の方針を明確に持っていたり，強固な意志を持つ存在であったりしてはならない。（中略）学校は（中略）自分のペースで学習を進めたいという生徒の存在も認めてはならないのである。そのためには，学校は児童・生徒を無力化し，彼らが学校秩序に従順になるように仕向ける必要がある。…（中略）…教科の好き嫌いや，優先順位などに関する自己決定権を児童・生徒に認めていたのでは，学校の一斉授業は成立しないということである」（柳，2005）。

この引用では，「一斉教授」の問題点が指摘されています。ここでのポイントは，子どもの学習は教師によってコントロールされ，自主的なものにならないこと（「やらされるもの」とならざるをえないこと），学ぶ内容の選択はできず，「受動的な学び」にならざるをえないことです。

国際的な調査によれば，日本では他国とくらべても「勉強が嫌い」と回答する子どもの割合は高いとされています。事前制御された学級単位での授業が，子どもたちが勉強に対して肯定的な意識をもてない原因になっている，と考えることができるかもしれません。

○一斉教授の特徴と課題

　一斉教授という教育方法は，学級の成立と密接にかかわっています。一斉教授の特徴は，少ない教授者で，多くの学習者に情報の伝達ができるという点にあります。低いコストで，多くの学習者に効率的に情報の伝達が可能であるという点で合理的なしくみであるといえます。このしくみは，その合理性ゆえに普及したといえます。日本の学校制度は明治時代に成立しましたが，当時の文献をみても，現在と同じような教室の風景が描かれています（図7-1）。しかし，こうした従来の教育方法が，子どもにとって最適がどうかを検討し，改善するべき点は改善しようとする視点が必要です。

図7-1 1874『小学教師必携補遺』における教室の様子

出所：林多一郎（編述）（1981）「小学教師必携補遺」唐沢富太郎（編集）『明治初期教育稀覯書集成』（第2輯7）雄松堂書店

2．学習における経験

○一斉教授への批判

　一斉教授への批判は今に始まったことではありません。一斉教授への重要な批判の一つとして「子どもの経験」を重視する立場があります。一斉教授においては，教授者による情報伝達を「受信すること」が，学習者にとっての経験の中心となります。しかしそこでは，子どもの直接的な経験は生じていません。

　デューイ（Dewey, J.）は，日本の教育にもっとも大きな影響を与えた学者の一人です。デューイは，一斉教授を中心とする学校教育あるいは，教師中心の教授学を批判しました。デューイは，「子どもが学校の中心である」と考え，「教師の教えるという行為ではなく，教師の教えるという行為と子どもの学ぶという行為のかかわりあい，相互作用を重視する」という考え方を提起しました。そして，カリキュラムと子どもとの関連・結びつきを重視しました。その結びつきにおけるキーワードとなったのが「経験」でした。そして，子どもを社会に導くもっとも良い経験として，「専心活動（occupation）」を提起します。専心活動とは，木工，園芸，料理，裁縫のような，子どもの生活に密着し，子どもが生きることや他の子どもと協同することを含み，夢中になって取り組めることなどを意味していました。こうした活動を通して，子どもに経験的な知識が提供され，子どもの理知的な経験，協同的な経験を増すきっかけになると考えました。その時，教師の役割は「教える」ことではなく，子どもにとってよりよい経験＝学びが可能となるような環境を整えることが中心

となります。そしてデューイは、一斉教授における教師から学習者への一方的な情報伝達ではなく、教師と子どもとの相互作用の重要性を指摘しました。また同時に、経験のなかでの「子ども同士の学びあい」という視点も提起されました。

○子どもの経験と学習——問題解決学習・発見学習

　デューイは、一斉教授を中心とした「伝統的教育」を批判しました。伝統的な「学級における一斉教授」では、子どもが受動的になり、子どもの個性が育たず、子どもの自由で自発的な活動が奪われてしまうと考えました。デューイは自らの推進する教育を「進歩主義教育」と呼び、伝統的教育と区別しました。そこでは、「なすことによって学ぶ（learning by doing）」という考えに基づき、子どもの「経験」が重視され、子どもの経験に基づいた教育方法の提起へとつながりました。

　デューイの考え方に基づいた教育方法としては、「問題解決学習」が有名です。デューイは、問題解決のプロセスを以下の5つの局面からなると考えました。

① 問題に直面し、解決への思いつきを得る
② 当惑や困難を解決すべき問題として知性的に整理する
③ 問題状況を綿密に調査・分析し、問題解決のための仮説を立てる
④ 仮説を立てて、結論を推理する
⑤ 実験的行動を通して、仮説を検証する

　問題の解決策に見通しを立て、問題に関する情報を収集／整理し、問題解決の仮説を洗練して、実際に行動することで仮説を検証する。実際的な経験が組み込まれたこの過程を通して、反省的思考を身につける。こうした方法には、一斉教授では経験することのできない思考のプロセスや、問題解決への動機づけ・意欲、主体的に問題を調べる過程などが含まれており、一斉教授とは異なる教育的効果が期待できるといえます。

　また、ブルーナー（Bruner, J.S.）は「発見学習」という教育方法を提案しました。発見学習は、仮説から検証にいたる探究的態度や情報を整理する知的能力を育成することができること、加えて発見の喜びや問題解決の自信を学習者に与え、内発的動機づけを高めて学習が活発になるという長所があるといわれています。

　問題解決学習や発見学習は、一斉教授の問題点であった子どもの主体性や学習への関心・意欲、行動力などを高めることを、学習の過程に「経験」を組み込むことで目指そうとした点に特徴があります。

　しかし、「ただ経験するだけ」では基礎学力が身につかないという批判もあります。くわえて、教育活動のプロセスに時間と労力がかかることや、質の高い子どもの学習経験を準備するには、複雑で高度な力量が教授者（教師・保育者）に求められるため、教授者によっ

て子どもの学習成果に差が生じやすいなどの問題点もあります。

問題解決学習や発見学習は，後に述べるように，2017（平成29）年に改訂された学習指導要領等における「主体的・対話的で深い学び」（いわゆる「アクティブ・ラーニング」）の理論的な背景であるととらえることができます。

2　求められる能力の変化

1．社会の変化と求められる能力

　一斉教授への批判は，現代社会において特に有効であると考えられます。それは，複雑化する現代社会においては，教師（保育者）による情報伝達を一方的に受信するだけでは育てることができない，多様な能力が要求されるからです。その能力は，学習指導要領等において「資質・能力」という言葉で表現されています。

　多様な「資質・能力」が求められる背景には，現代日本社会を含む多くの先進国が直面している，社会の変化があります。現代社会は，世界的にグローバル化（グローバリゼーション：globalization）・近代化（モダニゼーション：modanization）が進行している最中です。これらの変化の重要な側面の一つは，社会に多様性が生み出されること，また世界中が相互に関係する（相互依存関係）という事態が生み出されるということです。そして，このような変化が，とても急速に生じているという点も重要です。

　結果として，先進国では産業構造の変化が生じています。日本を含む先進国は経済発展にともない，農業や漁業などの第一次産業から，重工業を中心とする第二次産業，そしてサービス業を中心とする第三次産業へと，産業の中心が移行してきました。この変化にともなって，社会から求められる人材像も，変わってきています。学校は，人材を社会に送りだす機能を果たしているので，社会変化の影響を強く受けざるをえません。社会の変化に応じて，学校教育を通して何を身につけるべきか，という考え方も変化せざるをえないのです。さらに，情報通信技術（ICT：Information and Communication Technology）の発達も相まって，「知識基盤社会」化が進行しています。そこでは，個人がたくさんの情報量を頭のなかに入れておく（多くの知識をストックする）ことが重要なのではなく，情報をいかに使いこなすか，という意味での「リテラシー」や「モラル」，情報にアクセスする力などが求められています。

2．メリトクラシーからハイパー・メリトクラシーへ

　こうした変化が明らかになる以前は，学校に通う子どもに要求されたのは，いわゆる3Rs（読み・書き・計算）を中心とする「学力」でした。そこでは，一斉教授という教育方法

表 7-1 近代型能力とポスト近代型能力

近代型能力	ポスト近代型能力
「基礎学力」	「生きる力」
標準性	多様性・新奇性
知識量，知的操作の速度	意欲，創造性
共通尺度で比較可能	個別性・個性
順応性	能動性
協調性，同質性	ネットワーク形成力，交渉力

出所：本田，2005

に，合理性や正当性があると考えられていました。そして学力は「学歴」の獲得と結びつくと考えられたため，受験勉強が過熱しました。

このような，学歴社会のあり方を支えた考え方は，テストで明らかになる「学力＝能力」によって学歴を得，学歴が職業選択に大きく影響するというものです。このような考えに基づく「より高いメリット（能力・何ができるか）を持った人々が，より高い地位につく社会の仕組み（苅谷，2010）」は，メリトクラシー（能力主義・業績主義）と呼ばれています。

しかしこうしたメリトクラシーは，少しずつ変容しつつあります。学力によってその個人の能力を測定するという考えは客観的でわかりやすいものではありましたが，学力だけで個人の能力を測定するのはそもそも無理があります。加えて，学力以外の多様な能力の重要性が広く認識されたこともあるでしょう。

本田（2005）は，現代社会では，メリトクラシーの時代に必要とされた能力とは異なる能力が求められているといいます（表7-1）。表7-1の左列が，従来の社会で求められる「近代型能力」，右列は，現代社会で求められる「ポスト近代型能力」とされています。本田は，社会の変化とその背景にある考え方の変化を指摘し，ポスト近代型能力が重視される現代を「ハイパー・メリトクラシー」の時代と呼びました。

もちろん，現在でも多くの子どもたちが受験勉強へと駆り立てられており，学歴のもつ価値は，日本社会のなかでまだ相当に高いものであることに変わりありません。本田は「メリトクラシーは社会の規定的な構造としていまだに存続しており，そこにハイパー・メリトクラシーという側面が新しく付け加わりつつある」（本田，2005）と分析しています。

図7-2は，2006（平成18）年から経済産業省が提唱している「社会人基礎力」と呼ばれる「社会で求められる力」のリストです。経済産業省によれば，「社会人基礎力」とは「前に踏み出す力」「考え抜く力」「チームで働く力」の3つの能力（12の能力要素）から構成されており，「職場や地域社会で多様な人々と仕事をしていくために必要な基礎的な力」とされています。社会人基礎力は，「基礎学力」「専門知識」に加え，それらをうまく活用していくための力として位置づけられています。

少しずつ，学力や学歴だけで評価するのではなく，その人がもっている多様な力を評価

第7章　教育の方法

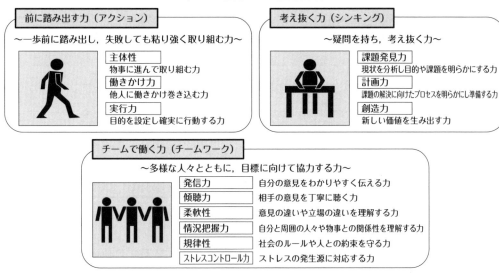

図7-2　社会人基礎力

出所：経済産業省ホームページ

しようという方向に考え方が変化し，受験勉強だけでは身につかない力が求められるようになってきています。1980年代の日本と現在とを比較すると，学歴の価値は相対的に低下しつつあり，社会において評価される能力は多様化・多元化しているといえます。

3．非認知能力（非認知的スキル）への注目

　第6章で述べたとおり，国際的に乳幼児期の教育への注目が高まっています。それは，目まぐるしく変化する現代社会を生き抜いていく多様な力が，より重要であると考えられるようになってきているからです。

　こうした能力は，いわゆる学力を指す「認知能力」と対比され，「非認知能力」と呼ばれています（非認知的スキル，社会情動的スキルなどとも呼ばれます）。表7-2は，「社会的な成功」をうながすと考えられている非認知能力のリストです。

　ここでは，「やり抜く力」「自制心」「リーダーシップ」「すぐに立ち直る」力など，社会で成功するために必要な力として注目されている力があげられています。学力だけではなく，人間性や性格ととらえられていたことが「能力」としてとらえられ，位置づけられていることがわかります。本田が「ポスト近代型能力」と呼んだもの，あるいは経済産業省による「社会人基礎力」と対応する，学力試験では測定することがむずかしい能力であるということができます。

　また，ノーベル経済学賞受賞者であるジェームス・ヘックマンによれば，こうした非認知能力は乳幼児期にもっとも効果的に身につく力であるとされています（ヘックマン，2015）。

表 7-2　非認知能力

学術的な呼称	一般的な呼称
自己認識（Self-perceptions）	自分に対する自信がある，やり抜く力がある
意欲（Motivation）	やる気がある，意欲的である
忍耐力（Perseverance）	忍耐強い，粘り強い，根気がある，気概がある
自制心（Self-control）	意志力が強い，精神力が強い，自制心がある
メタ認知ストラテジー（Metacognitive strategies）	理解度を把握する，自分の状況を把握する
社会的適性（Social competencies）	リーダーシップがある，社会性がある
回復力と対処能力（Resilience and coping）	すぐに立ち直る，うまく対応する
創造性（Creativity）	創造性に富む，工夫する
性格的な特性（Big 5）	神経質，外交的，好奇心が強い，協調性がある，誠実

出所：中室，2015

　ヘックマンの議論においては，非認知能力の獲得による「格差」の是正という観点も強調されています。質の高い乳幼児期の教育をすべての子どもに提供することで，子どもが非認知能力を身につけることができれば，小学校以降の認知能力の獲得や学業達成にも良い影響を及ぼします。それは長期的にみれば職業選択などに影響するため，経済的な格差の是正につながることが期待されています。

3　乳幼児期における教育方法

1．乳幼児期に育む「資質・能力」

　本章でこれまでみてきたように，一斉教授中心の教育方法に対し，子どもの経験による学びの重要性が指摘されてきました。それに加え，社会の変容にともなって「非認知能力」の重要性が高まるにつれ，乳幼児期の教育における子どもの経験の質が問われ，注目されています。それは，ポスト近代型能力・非認知能力などと呼ばれる能力は，経験を通して身につくと考えられるためです。

　小学校就学までの乳幼児期の教育は，子どもの生活を基盤とし，子どもの主体性を重視して行われるとされています。日本の乳幼児期の教育では，戦前から遊びを中心とした子どもの経験が重視されてきました。この日本の乳幼児期の教育の特徴は，現代社会において再評価される必要があります。

　では，具体的には子どもにどのような「資質・能力」を育てることが求められているのでしょうか。2017（平成29）年に改訂された学習指導要領等をみると，「知識及び技能」「思考力・判断力・表現力」「学びに向かう力・人間性」という3つの柱が，小学校以降の教育段階全体を通して育むべき「資質・能力」として概念化されました。乳幼児期の教育は，そ

表7-3 乳幼児期の教育において育てたい「資質・能力」

①豊かな体験を通じて，感じたり，気付いたり，分かったり，できるようになったりする「知識及び技能の基礎」
②気付いたことや，できるようになったことなどを使い，考えたり，試したり，工夫したり，表現したりする「思考力，判断力，表現力等の基礎」
③心情，意欲，態度が育つ中で，よりよい生活を営もうとする「学びに向かう力，人間性等」

出所：「幼稚園教育要領」「保育所保育指針」「幼保連携型認定こども園教育・保育要領」より作成

表7-4 資質・能力が育まれている幼児の具体的な姿

①健康な心と体　②自立心　③協同性　④道徳性・規範意識の芽生え
⑤社会生活との関わり　⑥思考力の芽生え　⑦自然との関わり・生命尊重
⑧数量や図形，標識や文字などへの関心・感覚　⑨言葉による伝え合い
⑩豊かな感性と表現

出所：「幼稚園教育要領」「保育所保育指針」「幼保連携型認定こども園教育・保育要領」より作成

の基礎的な段階であると位置づけられています。

　幼稚園教育要領・保育所保育指針・幼保連携型認定こども園教育・保育要領（2017）では，乳幼児期の教育において育てたい「資質・能力」として，3点があげられています（表7-3）。

　「資質・能力」という言葉は，人間のもつ「力」の様々な側面を指す多義的な概念です。しかしそのポイントは，小学校以上で行われる，勉強の結果としての「学力」のように，試験で量的に測定されるような力ではない，という点にあります。その意味で資質・能力という概念は，非認知能力を重視する国際的な動向を反映したものであるといえます。

　また，3つの各要領では，資質・能力が育まれている幼児の具体的な10の姿が明記されました（表7-4）。これらの具体的な姿は，到達目標を示したものではないため，この姿に子どもを無理やり近づけることが求められているわけではありません。あくまで子ども一人ひとりの個性や発達過程に応じて参考にされるべき姿であり，他児との比較などにより用いられるべきものでもありません。この「具体的な姿」の明記は，小学校との接続という観点から，小学校の教師と子どもの姿を共有するという役割もあります。

2．乳幼児期の教育方法の基本原理

　乳幼児期の教育の方法において重要な原理の一つは，「直接的な体験」を中心とするという点にあります。そして，その中心は「遊び」であるとされます。

○環境を通して行う教育／保育

　幼稚園教育要領によれば，幼稚園教育は，「環境を通して行う」こととされています。子どもは，周囲の環境に主体的・積極的に働きかけ，「環境との相互作用」を通して，学びを得るという考え方です。環境との相互作用とは，子どもの直接的な経験を，言い換えたものであるととらえることができます。

　乳幼児期の教育における環境は，「地球環境問題」というときの環境という言葉の意味と

は異なるいわば「専門用語」です。保育における環境とは，子どもを取り巻いているすべての要素をまとめて表現したものであり，①人的環境（ヒト），②物的環境（モノ），③社会・自然（バショ）の3要素からなると考えられています。

また，そこに子どもが主体的にかかわる，という観点が重要です。そのためには，子どもが「かかわってみたい」という興味・関心をもつことが重要です。子どもが自ら興味・関心をもち，自分からかかわるというのが「主体的にかかわる」ということの意味だと考えられます。子どもと環境とのかかわりは，子どもの興味・関心からスタートするのが理想です。

保育者が，子どもの経験に必要な環境づくりをすることを「環境構成」と呼びます。環境構成は，ただ「活動に必要なものをそろえる」という意味ではなく，子どもがその環境に興味・関心をもつような「しかけ」をほどこすという意味で理解される必要があります。

保育者が園庭にいる昆虫を捕まえてきて，「さわってみなさい」といわれたから子どもがしぶしぶさわる，というのは，子どもが主体的に環境とかかわっている姿ではありません。保育者が意図をもって昆虫を含む身の回りの自然とかかわってほしいと考えるのであれば，どうしたら昆虫に興味・関心をもってくれるか，そのためにはどういう物や声掛けが必要かを考える，という発想がまず必要となります。

○遊びを中心とした保育

カイヨワ（1967）は，人間の遊びについて次のように述べています。

> 「遊びは自由で自発的な活動，喜びと楽しみの源泉として定義されるべきである。参加を強要されたと感じる遊びは，たちまち遊びではなくなるであろう（中略）遊戯者がそれに熱中するのは，自発的に，まったく自分の意志によってであり，快楽のためにである」（Caillois, 1967）。

子どもの遊びについてあてはめて考えれば，遊びは子どもが自発的に時間やエネルギーを使うことであり，それ自体が喜びであり，楽しみであることである，と理解できます。大人からみれば，たとえば子どもの遊びは何が楽しいか理解がむずかしかったり，部屋が散らかるから迷惑だったりすることもあるでしょう。しかし大人の目線では理解できなくても，子どもの目線からはその活動が，今もっともしたいことであり，それを通して充実感を得ることにつながる重要なものであると考えられます。

すでに述べたように，子どもの経験の中心は遊びである，というのが乳幼児期の教育における基本原理の一つです。この考えを保育に反映するときには，子どもが自発的に没頭し夢中になっていることを大切にするということ，子どもがしたいことを見守るということの重要性を認識しておく必要があるといえます。したがって保育者は，可能な限り子ど

もの主体的な遊びを支援しようという発想をもつ必要があるといえます。

第2節で述べた「非認知能力」とのかかわりでいえば、遊びに没頭することは「やり抜く力」「意欲」「好奇心」を獲得するための重要な基礎になるかもしれません。それが、「遊び＝学び」であるということの重要な意味です。子どもが没頭していることを、大人の目線で「意味がないこと」「迷惑なこと」と解釈し、止めさせることは、子どものなかに育まれつつある重要な学びの機会を奪ってしまうことにもつながりかねません。

○子ども中心の保育──集団主義保育からの脱却

1989（平成元）年の幼稚園教育要領改訂は、乳幼児期の教育が「子ども中心の保育」へと大きく舵をきった改訂であったと評されています。この改訂には、子ども個人によりそうというもともとの乳幼児期の教育の理念から離れて、「教師主導の保育」「させる保育」が行われており、しばしば個人よりも集団を優先する「集団主義保育」におちいりやすいという批判が重要な視点でした。その意味で、1989（平成元）年の幼稚園教育要領改訂は、子どもを中心とした乳幼児期の教育に「もどす」ことが意図されていました。

この改訂からおよそ30年たった現在、乳幼児期の教育の現場の姿はどうなっているでしょうか。子どもの主体性よりも、保育者主導の活動が優先されていないでしょうか。子どもが楽しむことよりも、集団の規律やルールを守ることが優先されていないでしょうか。

乳幼児期の教育においては、「個人の育ちと集団の育ち」の相互作用が重要な視点であるとされています。しかしそれは、個人の都合より集団の都合が常に優先されてよいということにはなりません。子どもが、集団の決まりやルールをある程度守れることはもちろん重要ですが、そのために子ども個人を抑圧してもよいということではありません。これまでの集団主義保育が慣習として継承されていないか、変更すべき点がないかどうかをチェックし、子ども個人がしたい遊びに没頭できる環境づくりにより、子どもの多様な経験の機会を確保するための工夫がなされる必要があります。

3．主体的・対話的で深い学び（アクティブ・ラーニング）

2017（平成29）年に告示され、2018（平成30）年の就学前段階から段階的に実施される学習指導要領では、「主体的・対話的で深い学び」がキーワードの一つとなっています。これは、「アクティブ・ラーニング」とも呼ばれ、「資質・能力」の獲得のための「新しい」教育の方法とされています。

重要な点は、ラーニング（学ぶ）であって、ティーチング（教える）ではない、ということです。一斉教授の枠組みでは、教育とは、教師から学習者への知識の伝達、つまり教師が教えるという教師主体の営みであったのに対し、アクティブ・ラーニングでは、学習者が主体となっています。そこでは、教師の役割も変わらざるをえません。教師は、「いかに教えるか」という効果的な教授法をめぐる発想から抜け出して、学習者の学びを促進する

ための学習環境をいかにつくり上げるかという,「学びの環境のデザイナー」「コーディネーター」としての役割への転換が求められます。

　これは,学校教育全体に対しては,非常に大きな転換を要求していると評価することができます。しかし,乳幼児期の教育に対しては,その影響は限定的であるといえます。なぜならこれまでみてきたように,戦後日本の遊びを中心とした乳幼児期の教育は,まさにアクティブ・ラーニングそのものであったといえるからです。

　教育課程研究会（2016）によれば,乳幼児期の教育とアクティブ・ラーニングとの関係について,「幼児における遊びは,まさにアクティブ・ラーニングそのものである」と指摘しています。そのうえで,乳幼児期の教育を充実させるための視点として,「深い学び」「対話的な学び」「主体的な学び」の3点をあげています。これは,知識の質を重視すること,一方的な情報の受信ではなく対話を重視すること,自ら学ぼうとする態度を重視しようとすることです。

　この視点は,2017（平成29）年に告示された幼稚園から高等学校までの学習指導要領等に加え,大学などの高等教育においても重要であるとされています。この改訂は,日本の学校教育全体を貫くものであり,乳幼児期の教育を含め,各学校は大きな転換を求められています。乳幼児期の教育は,小学校以降の学校教育の基礎であることを自覚し,子どもの主体性を中心とし,遊びを中心とした豊かな経験を提供できる環境を整えるために何ができるのかを検討する必要があります。

参考・引用文献

Caillois, R.（1967）*Les Jeux et les Homme (Le masque et le vertige), edition revue et augmentee*. Gallimard.（多田道太郎・塚崎幹夫（訳）（1990）『遊びと人間』講談社）
ヘックマン,J　古草秀子（訳）（2015）『幼児教育の経済学』東洋経済新報社
本田由紀（2005）『多元化する「能力」と日本社会——ハイパー・メリトクラシー化のなかで』NTT出版
苅谷剛彦（2010）「学歴社会の変貌と「格差」」苅谷剛彦ほか（編）『教育の社会学——〈常識〉の問い方,見直し方』有斐閣
経済産業省ホームページ（http://www.meti.go.jp/policy/kisoryoku/index.html）閲覧日：2019年1月10日
厚生労働省（2017）「保育所保育指針」
教育課程研究会（2016）『「アクティブ・ラーニング」を考える』東洋館出版社
文部科学省（2017）「幼稚園教育要領」
無藤隆（2013）『幼児教育のデザイン——保育の生態学』東京大学出版会
中室牧子（2015）『「学力」の経済学』ディスカヴァー・トゥエンティワン
OECD（2005）*The Definition and Selection of Key Competencies: Executive Summary*（https://www.oecd.org/pisa/35070367.pdf）閲覧日：2019年1月10日
佐藤学（2010）『教育の方法』左右社
田中智志（2009）「デューイと新教育」今井康雄（編）『教育思想史』有斐閣
柳治男（2005）『〈学級〉の歴史学』講談社

第8章
教育の内容

◆この章で学ぶこと
・教育内容がどのように定められているのかが理解できる。
・小学校以降の教育内容について理解できる。
・乳幼児期の教育内容について理解できる。

　学校教育では，通常その内容があらかじめ定められています。しかし，その内容は誰がどのような基準で定めているのでしょうか。また，その内容はどのような教科や領域から構成されているのでしょうか。本章では，教育内容の基礎について学びます。

1　教育内容の基礎

1．教育内容は誰が決めるのか──ナショナル・カリキュラム

　本章では，乳幼児期の教育（幼稚園・保育所・認定こども園），小学校以降の各学校段階における教育内容について論じます。日本をはじめ多くの国では，教育内容は国によって定められています。日本では，文部科学省が学習指導要領，幼稚園教育要領を，厚生労働省が保育所保育指針を，内閣府が幼保連携型認定こども園教育・保育要領をそれぞれ定めており，各省の主務大臣によって告示されています。このことを，国に「教育内容の編成権がある」と表現します。子どもたちは，これらの文書に定められている教育内容を学びます。
　このように，国によって定められた教育内容を「ナショナル・カリキュラム」といいます。日本では，国が定めたナショナル・カリキュラムに基づいて実施される公教育の，教育内容や教育計画（第9章）の方向性を決定する権限を，国の中央政府が有しているという意味で「中央集権」的であるといいます。しかしこうした集権的な制度が，どの国でも採用されているわけではありません。反対に，「都道府県単位」「学校単位」に権限を与えるべきとする発想もありえます。これは「地方分権」的であるといい，地方自治体や学校現場への「権限移譲」を志向する考え方として，中央集権的な教育制度に対置されます。
　中央集権的にナショナル・カリキュラムが策定されている場合には，全国的に学校教育の画一化が図られ，地域や学校による格差が生じにくくなります。公教育の質保証という観点からは，合理性がある制度です。しかし，地方や学校の特性に応じて，学校や教師が

独自性を発揮することは，制限されざるをえないという側面もあります。

　日本の公教育の「中央集権性」は，教科書制度にも表れています。現在の日本における義務教育段階（小学校，中学校，義務教育学校，中等教育学校の前期課程および特別支援学校の小・中学部）の教科書は，原則的に教育委員会が採択します（教科書の「広域採択制」）。各学校・教師には，教科書の選択権がありません。また，文部科学省の行う「教科書検定」に合格した教科書しか学校で用いることができません。したがって，教科書の内容も文部科学省の管理下にあるということができます。このように，中央集権的な制度に対しては，一定の合理性があるとされる一方で，学校・教師の自律性を妨げる制度として，批判的にとらえる考えもあります。

2．教育内容は国の影響をどの程度受けるのか

○内外区分事項

　中央集権的な教育制度には，学校教育を通じてどのような人間を育成するかについて，国の意図が反映されやすいといえます。社会で必要とされる知識・技術や，資質・能力が変われば，求められる人材像も変化し，それに従って教育の内容も影響を受けます。

　しかしすでにみたように，戦前のように「軍国主義思想」を子どもに注入するために，国家によって学校教育が利用されることは避けられなければなりません。そこで，戦後日本の教育が民主化する際に，いくつかの工夫が必要になりました。その一つが，「内外区分事項」と呼ばれるものです。

　内外区分事項とは，中央政府を中心とする教育行政の役割は，義務教育段階の学校の設置など「ハード（外側）」の整備を不足なく行うという点に限定されており，教育の内容という「ソフト（内側）」に介入する権限を有しない，という考えに基づいています。したがって，学習指導要領等についても，「中央教育審議会」など民間人からなる有識者会議において大枠が議論され，定められることになります。その過程で，政治的な影響を完全に排除することはむずかしいともいえますが，特定の政治的信条に基づいて，教育内容に介入することはできないとされています（政治的中立の原則）。現在では当たり前となった「道徳」の授業が1958（昭和33）年に学習指導要領において新設された際には，大きな反対が巻き起こりました。それは，「道徳」という子どもの「心」や「考え方」にまで，公権力が介入することへの拒否感によるものでした。また，特定の宗教的教義に対しても中立的である必要があります（政教分離の原則）。

○「不当な支配」の理解

　「内外区分事項」の根拠とされるのは，旧教育基本法の第10条・新教育基本法の第16条です。そこには，教育行政は「不当な支配」に屈してはならないことが明記されています。この「不当な支配」の解釈を通して，国・文部科学省・教育委員会の役割について表8-1の

表8-1 国・文部科学省・教育委員会の役割

- 国（自治体・学校・教師）の義務
  - 権利（教育を受ける権利）の実現とその要求
  - 侵害しないこと・侵害を阻止すること
- 文部科学省の機能
  - 教育行政分野における専門的決定
  - →外的事項について…機会均等のための基準設定や補助金交付等
  - →内的事項について…機会均等・水準維持のための大綱的基準の範囲 を超えて，自治体・教育委員会に対して統制を及ぼすことは不当な支配
- 教育委員会の機能
  - 教育行政分野における政治的決定と行政的決定（住民の教育意思を反映）
  - →外的事項について…専門的判断を行う（ただし，教育の改善・充実（学習権の実現）や学校・教師の教育条件・労働条件の改善（教育の自由の保障）に資すること，関係者の合意を得ること）
  - →内的事項について…大綱的基準の範囲を超えて，学校・教師に統制を及ぼすことは不当な支配

出所：佐藤，2013をもとに著者作成

ようにまとめることができます。

「不当な支配」が問題となるのは，「内的事項」に対する統制です。「内的事項」は，教育内容を含みます。たとえば，文部科学省が，自治体や教育委員会に対して，教育内容に関して大綱的基準の範囲を超える統制を行うことは不当な支配とされます。また，教育委員会による，学校や教師に対する統制も制限されると解釈されます。文部科学省は地方自治の原則に則り，教育委員会の自律性を尊重し，教育委員会は学校の組織性や教師の専門職性の原則に基づいて学校・教師の自律性を尊重する必要があると考えられます。

3．教育内容の選択に影響を与えるもの——社会的要請・価値と文化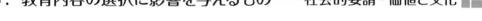

○社会的要請

教育内容が特定の政治的信条や宗教から中立であっても，社会的な要請を無視することはできません。時代によって，「社会がどのような人間を必要としているか」は変化します。その変化に対応して教育の内容を見直すことは必要です。「不易と流行」という言葉がありますが，不易＝変わらないものと，流行＝変わらなければならないものとのバランスを取りながら教育内容が定められることになります。そのかじ取りを担ってきたのが文部科学省です。戦後日本社会における「求められる人間像」を追求し，教育の内容に反映させようとしてきた歴史があり，現在でもその役割を担っています。

必要とされる教育の内容を，「職業」との関連で考えてみます。2013年のオックスフォード大学のオズボーン氏の推計によれば，「2025年から2035年までに日本の労働力人口の約49％の仕事が，AIとロボットで代替することが出来る」ようになるとされています。テクノロジーの進歩により，多くの日本人が失業する可能性が指摘されているのです。こうした社会状況をみすえれば，これからの時代を生きる子どもにとって，どのような力が必要なのかを検討し，教育内容に反映することは，国の責任であるともいえます。

しかし，国の定める教育内容もひとつの立場であるにすぎず，そこで提示される方向性が正しいのかどうか，批判的に検証する必要があります。

○価値と文化——社会的構築物としての教育内容

これまでみたように，学校教育における教育内容は，子どもが習得すべきとされる事項が様々な観点から選択されているといえます。そして，学習指導要領等において「教科」や「領域」という形にまとめ上げられ（体系化され），各学年や年齢において教師（保育者）が指導すべき内容として示されています。言い換えれば，教育内容の選択には，どのような内容の習得が望ましいかという，特定の価値観が反映されているのです。また，学校教育が国民国家における国民の形成という役割を担う以上，それぞれの国や地域特有の「文化」も影響すると考えられます。

学習指導要領等において定められる各教科内容や領域が，教育基本法に定められている教育の目的とどのように関係するのかは必ずしも明確に説明されているわけではありません。原理的には，教育内容は教育基本法に定められている教育の目的を達成するための手段としてとらえることができますが，いかなる教育内容が望ましいかは常に論争的であり，様々な考え方が入り込む余地があります。したがって，学習指導要領等は，およそ10年に1度改訂がなされます。この改訂作業は，「教育の計画と評価」というサイクルのなかに位置づけられ，教育内容を不断に改善するプロセスの一部です。

教師や保育者は，国が定めた教育内容を無批判的に子どもに伝達するだけではなく，自律的にその教科や領域の意味を問い直していく必要があるといえます。

2 教育内容の実際——学習指導要領を中心に

1．顕在的カリキュラムと潜在的カリキュラム

○顕在的カリキュラム

学校教育では，定められた教育内容に基づき「カリキュラム」として編成されます。「カリキュラム」という言葉は，一般的に「教育課程」を意味します。教育課程とは，学習指導要領で定められた教育内容に基づき，配列された計画の全体を指します。カリキュラムという言葉は多義的ですが，「教育内容」もしくは「教育計画」の意味で用いられるのが通例です。

佐藤学は，カリキュラムがつくられる様式を，「目標」を中心に組織する「階段型のカリキュラム」と，「主題」を中心に組織する「登山型のカリキュラム」とに区分しています（佐藤，2010）。これらは，教師主導／学習者主導，知識の量の重視／質の重視，画一性／個別性などの違いとして現れます。それぞれの特徴は，表8-2のようにまとめられています。

表 8-2 「階段型」カリキュラムと「登山型」カリキュラム

	特徴	メリット	デメリット
階段型	・到達点が「目標」として定められる ・学びの活動は一本の階段のステップで段階的に規定	・大量の知識や技能を系統的・効率的に伝達可能 ・評価が容易	・学びの画一性 ・学びの経験を限定 ・一度踏み外すと落ちこぼれる ・競争主義に陥りやすい
登山型	・学びの道筋が多様 ・学びの経験それ自体に意義がある ・多元的で質的な評価 ・「広く浅く」ではなく「少なく深く」学ぶ	・「落ちこぼれ」はない ・学びの経験それ自体を楽しむことができる	・学びに対する教師の的確な援助が確かでないと教育効果が限定される

出所:佐藤,2010

　また佐藤は,多くの国々では,「階段型」から「登山型」に移行していると指摘しています。乳幼児期の教育や,近年その重要性が指摘されている「主体的・対話的で深い学び＝アクティブ・ラーニング」は,「登山型のカリキュラム」と親和性の高い教育方法であるということができます。

　編成原理の違いはあれ,学校教育は明示的に表現されたカリキュラムに基づいて組織されています。そこで意図され,計画され配列されたカリキュラムを子どもは学びます。このように,明示されたカリキュラムを「顕在的カリキュラム」といいます。

○潜在的カリキュラム

　しかし,子どもは,「顕在的カリキュラム」だけを学ぶわけではありません。「顕在的カリキュラム」に対し,「潜在的カリキュラム(隠れたカリキュラム,ヒドゥン・カリキュラム)」と呼ばれるものがあります。

　たとえば,学校には「校則」があります。校則からの逸脱は,教師による「懲戒」の対象となります。校則という規則と懲戒という罰則の存在から,子どもたちは「規則を守らねば罰せられる」ため,「教師の言うことは聞かなければならない」という規範を内面化します。ここでは,ある特定の規範を内面化するという「教育的機能」がはたらいており,ある種の「学習」がなされているといえます。しかしそれは,必ずしも学習指導要領に書かれていることではありません。明示的に定められているカリキュラムとは直接関係しなくても,学校や学級の多くの規則や目標,学校の雰囲気や学校の文化などから,子どもたちは影響を受けることになります。子どもたちは多くのことを無意識のうちに学んでいるといえます。潜在的カリキュラムはこのように,無意識的に子どもによって学習されるように機能している学校の環境や条件を指します。

2. 戦後教育内容の変遷

　ナショナル・カリキュラムとしての学習指導要領には,時代によって求められる人材像が反映されます。ここでは小学校の学習指導要領の変遷を教育内容に焦点をしぼって概観

表8-3 学習指導要領改訂による教育内容の変遷のポイント

1947（昭和22）	・試案（教師の手引書） ・子どもの経験の重視　・「社会科」「家庭科」「自由研究」の新設
1958（昭和33）	・告示―法的拘束力 ・「道徳」新設　・基礎学力重視路線「系統学習」の協調
1968（昭和43）	・「教科の現代化」―高度な教育内容の低年齢化 ・「期待される人間像」(1966) の反映
1977（昭和52）	・ゆとりの教育→教科の時間数削減　教科内容削減
1989（平成元）	・生活科の新設　・道徳の強調
1998（平成10）	・教育内容の厳選　・授業時数の削減　・「生きる力」 ・「総合的な学習の時間」の新設
2008（平成20）	・授業時数の増加　・言語活動の充実 ・基礎学力重視路線への回帰　・外国語活動の実施
2017（平成29）	・英語教育の低年齢化（外国語教育の充実） ・プログラミング教育　・主体的・対話的で深い学び

します。

　1947（昭和22）年に成立した教育基本法では、平和国家の担い手としての人間像が示されました。同年、学習指導要領（試案）が公布されましたが、当時は、法的拘束力（学習指導要領をふまえることが法的に義務づけられること）がありませんでした。子どもの個性的で自発的な活動を教育に取り込む「新教育」を文部省（当時）が推進したこともあり、全国各地で自由な発想に基づく独自の試みが実践されました（戦後新教育）。そして、その中心となったのは「社会科」という新しい教科でした。

　しかし、地方による学力格差や、基礎学力を重視する考えが強まり、1958（昭和33）年には学習指導要領は「文部大臣告示」として公布され、法的拘束力をもつようになりました。その際、教科の系統を順序だてて学習することが重視されるとともに、年間最低授業時数が明示されることになりました。

　1968（昭和43）年には「教科の現代化」と呼ばれる教育内容の高度化が図られました。この学力重視路線の強化は「受験戦争」の過熱を招き、教育の画一性が指摘されるようになると、1977（昭和52）年には教科時間数と内容が削減されました。「ゆとり」路線への転換です。1989（平成元）年には、小学校1・2年に生活科が導入されるなど、就学前段階と小学校とのカリキュラムの接続も図られました。

　1998（平成10）年の「生きる力」の育成という旧来の「学力観」の見直しにともない、「総合的学習の時間」の新設と教育内容の精選がなされました。この改訂が「基礎学力低下」を招いたとの批判もなされ、2008（平成20）年には授業時数が増加することになります。

　2017（平成29）年は「主体的・対話的で深い学び」（アクティブ・ラーニング）という教育方法が強調されています。第7章でみたように、そこには必要とされる「能力観」の変容が

関係しています。教育内容としては、外国語教育が低年齢化（外国語活動：小学3年生から、教科「外国語」：小学5年生から）したこと、また「プログラミング教育」が導入されることになりました。

このようにみていくと、社会の変化に基づき求められる人材像が変化し、そこで必要とされる能力に応じ、教育内容が変わっていく様子がわかります（表8-3）。

3．教育内容の現代化とそれへの批判

前節で概観した学習指導要領の変遷から、「教育内容の現代化」とそれへの批判、そしていわゆる「ゆとり教育」と呼ばれる一連の教育改革にいたる流れを取り出してみてみます。これは、教育内容が国の意図や社会の要請によっていかに左右されるかという好事例といえます。

「教育内容の現代化」とは、1960年代に日本のみならずアメリカや旧ソ連などの国々でおこったカリキュラム改造運動のことを指します。「改造」が目指したのは、科学技術の進歩でした。当時、アメリカと旧ソ連は科学技術の進歩を競い合っていました。1957年、旧ソ連がアメリカより先に人工衛星の打ち上げに成功したことが、アメリカに大きな衝撃を与えました（人工衛星の名前から「スプートニク・ショック」と呼ばれる）。これを機に、アメリカは学校教育の改革に着手し、科学教育に力を注ぐことになりました。こうした海外からの影響を受け、日本では1968年の学習指導要領改訂に際し、数学教育を中心に高度な学習内容を導入することになりました。これが、日本における教育内容の現代化です。

しかし、その後の受験戦争の過熱や学校における子どもの問題行動（学校の「荒れ」）の社会問題化によって、教育内容の現代化は詰め込み教育として批判されることになります。こうした批判を受け、子どもたちにゆとりが必要であるとの認識のもと、徐々に日本は「ゆとり教育」に舵を切ることになります。

教育内容の現代化と、それへの批判に基づくゆとり教育への転換は、学力をどのようにとらえるべきかという学力観をめぐる論争にもつながっていくことになります。また、ゆとり教育は、1990年代末の学力低下論争にもつながりました。これらは決して新しい問題ではなく、戦後新教育とそれへの批判が形を変えてくりかえされているとみることもできます。

4．ゆとり教育から現行学習指導要領へ

1977～1978（昭和52～53）年の学習指導要領改訂では、「ゆとりある充実した学校生活の実現」が目指され、学習負担の適正化が図られることになりました。ここでは、各教科等の目標・内容が中核的事項にしぼられることになり、「現代化」路線から「ゆとり」路線への転換が図られています。1989（平成元）年の学習指導要領改訂では、「社会の変化に自ら対

応できる心豊かな人間の育成」として生活科が新設され，道徳教育の充実が図られました。

1998〜1999（平成10〜11）年には，「基礎・基本を確実に身につけさせ，自ら学び自ら考える力などの「生きる力」の育成」としてさらに学習内容が厳選されることになります。この時，「総合的な学習の時間」が新設されることにともない，他の教科目の授業時数が削減されることになりました。「学力低下論争」の影響もあり，2008〜2009（平成20〜21）年の改訂では，授業時数が再び増加するなどの経過をたどったことはすでに述べたとおりです。

2017（平成29）年改訂の学習指導要領等では，「子供たちに，情報化やグローバル化など急激な社会的変化のなかでも，未来の創り手となるために必要な資質・能力を確実に備えることのできる学校教育を実現する」意図が反映されています。キーワードとなるのは，「社会に開かれた教育課程」という言葉です。文部科学省によれば，「よりよい学校教育を通じてよりよい社会を創るという目標を学校と社会とが共有し，それぞれの学校において，必要な教育内容をどのように学び，どのような資質・能力を身につけられるようにするのかを明確にしながら，社会との連携・協働によりその実現を図っていく」という理念が示されています。

今後は，いわゆる「基礎学力」を学校教育にどのように位置づけ，新しい教育内容や資質・能力とどのように関連づけていくのかが課題となるといえます。学校・教師にとっては，学習指導要領に基づき，これまでの学校観・学力観を問い直し，いかに再編しながら教育活動を運営していくかが大きな課題となるといえます。

3 教育内容の実際——乳幼児期の教育内容

1. 各施設における教育内容の整合性・同一性

乳幼児期の教育内容は，幼稚園・保育所・幼保連携型認定こども園含め，現在原則的には同一であるととらえることができます。1963（昭和38）年に，保育所の教育内容については幼稚園との整合性を図るとした厚生省・文部省の両省通達が発出されて以来の基本方針です。

幼稚園と保育所では，要領あるいは指針をふまえることが義務化された時期が違います。1964（昭和39）年以降，幼稚園では，幼稚園教育要領が「手引書」から，幼稚園の教育課程の基準として法的に位置づけられ，その遵守が義務化されました。

それに対し，保育所保育指針の義務化は2010（平成22）年の厚生労働大臣による「告示化」をまたねばなりませんでした。「保育所保育指針」はありましたが，厚生労働省による通知であり，法的拘束力をもつものではありませんでした。2010（平成22）年以前は，児童福祉施設最低基準により「保育所における保育の内容は，健康状態の観察，服装等の異常

の有無についての検査，自由遊び及び昼寝のほか，第12条第1項に規定する健康診断を含むものとする」という規定があるのみでした。この構造的な違いが，幼稚園と保育所という2つの組織の風土や雰囲気に影響を与えた可能性はあると考えられます。

幼保連携型認定こども園については，2014（平成26）年4月に「幼保連携型認定こども園教育・保育要領」が内閣府・文部科学省・厚生労働省の共同告示として公布されました。

また，これらの要領・指針は，「大綱的な基準」であるという性格をもっています。教育内容の大枠は提供されていますが，その枠内でどのような活動を展開するかは，個々の保育現場あるいは保育者に委ねられている，ということです。したがって，保育者は各要領に示されている「保育の内容」の基本を理解し，創意工夫することが必要であるとされます。

それぞれの施設が果たす役割の法制度的位置づけは以下のとおりとなります。保育所保育は「養護及び教育を一体的に行う」こととされています。したがって，保育所保育の内容（保育内容）は，「養護」と「教育」とに分かれることになります。幼保連携型認定こども園は「教育及び保育」を，幼稚園は「学校教育」を実施することとされていますが，先ほど述べたとおり，保育の内容は整合性が図られており，同一であるととらえることができます。

2．乳幼児期の教育のねらい

○養護のねらいと養護と教育の一体性

保育所保育における養護は，子どもの「生命の保持」と「情緒の安定」の二つの側面として規定されており，これらを実現するために保育士等が行う「援助やかかわり」であるとされています。養護には，養護の目標と，二つの側面（生命の保持・情緒の安定）のそれぞれの「ねらい」があります。養護のねらいは，保育士等が行う援助やかかわりのねらいです（表8-4）。

保育所保育指針では，保育所保育の特性は，「養護及び教育を一体的に行う」ことであるとしています。養護は教育の大前提であることに加え，教育と決して切り離せないものであるととらえることができます。表8-4をみると，子どもが「安定感を持って過ごす」「自己の気持ちを安心して表す」「自分を肯定する」「心身の疲れが癒される」といったねらいが定められています。これらからは，養護を「乳児と未満児のお世話をすること」ととらえることでは不十分であることがわかります。これらのねらいは，保育者による環境構成や働きかけに工夫の余地があり，保育者による積極的な働きかけが必要となるという点で「教育的」なねらいを含んでいます。

したがって養護は，幼稚園教育要領には記載されていないために幼稚園ではしなくてよいかかわりではなく，「養護的」な要素については，保育所のみならず幼稚園においても配

表8-4 養護のねらい（保育所保育指針）

目標
十分に養護の行き届いた環境の下に，くつろいだ雰囲気の中で子どもの様々な欲求を満たし，生命の保持及び情緒の安定を図ること

ねらい	
生命の保持 ①一人一人の子どもが，快適に生活できるようにする。 ②一人一人の子どもが，健康で安全に過ごせるようにする。 ③一人一人の子どもの生理的欲求が，十分に満たされるようにする。 ④一人一人の子どもの健康増進が，積極的に図られるようにする。	情緒の安定 ①一人一人の子どもが，安定感を持って過ごせるようにする。 ②一人一人の子どもが，自分の気持ちを安心して表すことができるようにする。 ③一人一人の子どもが，周囲から主体として受け止められ，主体として育ち，自分を肯定する気持ちが育まれていくようにする。 ④一人一人の子どもがくつろいで共に過ごし，心身の疲れが癒されるようにする。

出所：厚生労働省，2017

表8-5 乳児保育の3つの視点とねらい（保育所保育指針）

ア 健やかに伸び伸びと育つ（身体的発達に関する視点）
①身体感覚が育ち，快適な環境に心地よさを感じる。 ②伸び伸びと体を動かし，はう，歩くなどの運動をしようとする。 ③食事，睡眠等の生活のリズムの感覚が芽生える。
イ 身近な人と気持ちが通じ合う（社会的発達に関する視点）
①安心できる関係の下で，身近な人と共に過ごす喜びを感じる。 ②体の動きや表情，発声等により，保育士等（保育教諭等）と気持ちを通わせようとする。 ③身近な人と親しみ，関わりを深め，愛情や信頼感が芽生える。
ウ 身近なものと関わり感性が育つ（精神的発達に関する視点）
①身の回りのものに親しみ，様々なものに興味や関心をもつ。 ②見る，触れる，探索するなど，身近な環境に自分から関わろうとする。 ③身体の諸感覚による認識が豊かになり，表情や手足，体の動き等で表現する。

出所：厚生労働省，2017

慮しなければならないといえます。

○教育のねらいと幼児教育の総合性

　各要領・指針の第2章においては，「ねらい及び内容」が示されています。「ねらい」は，「幼稚園教育において育みたい資質・能力」を，子どもの姿からとらえたものであるとされています。「内容」は，「ねらいを達成するために指導する事項である」とされ，子どもの目線からは，「子どもが環境にかかわって経験すること」であるということができます。

　2017（平成29）年改訂の各要領では，教育の「ねらい及び内容」は，「乳児（0歳）」「1歳以上満3歳未満（1～2歳）」「満3歳以上（3歳以上）」に分けられました。

　教育は，子どもの発達の側面からとらえられた5つの領域（5領域；健康・人間関係・環境・言葉・表現）に配慮して行われることとされています。そして，各領域で示されているねらいが，園生活全体を通して達成され，「幼児期の終わりまでに育ってほしい姿」へと結びつ

表8-6　1歳以上3歳未満児，満3歳以上の教育のねらい（保育所保育指針）

健康：健康な心と体を育て，自ら健康で安全な生活をつくり出す力を養う。	
1歳以上3歳未満児	満3歳以上
①明るく伸び伸びと生活し，自分から体を動かすことを楽しむ。 ②自分の体を十分に動かし，様々な動きをしようとする。 ③健康，安全な生活に必要な習慣に気付き，自分でしてみようとする気持ちが育つ。	①明るく伸び伸びと行動し，充実感を味わう。 ②自分の体を十分に動かし，進んで運動しようとする。 ③健康，安全な生活に必要な習慣や態度を身に付け，見通しをもって行動する。

人間関係：他の人々と親しみ，支え合って生活するために，自立心を育て，人と関わる力を養う。	
1歳以上3歳未満児	満3歳以上
①保育所での生活を楽しみ，身近な人と関わる心地よさを感じる。 ②周囲の子ども等への興味や関心が高まり，関りをもとうとする。 ③保育所の生活の仕方になれ，きまりの大切さに気付く。	①保育所の生活を楽しみ，自分の力で行動することの充実感を味わう。 ②身近な人と親しみ，関わりを深め，工夫したり，協力したりして一緒に活動する楽しさを味わい，愛情や信頼感をもつ。 ③社会生活における望ましい習慣や態度を身に付ける。

環境：周囲の様々な環境に好奇心や探求心をもって関わり，それらを生活に取り入れていこうとする力を養う。	
1歳以上3歳未満児	満3歳以上
①身近な環境に親しみ，触れ合う中で，様々なものに興味や関心をもつ。 ②様々なものに関わる中で，発見を楽しんだり，考えたりしようとする。 ③見る，聞く，触るなどの経験を通して，感覚の働きを豊かにする。	①身近な環境に親しみ，自然と触れ合う中で様々な事象に興味や関心をもつ。 ②身近な環境に自分から関わり，発見を楽しんだり，考えたりし，それを生活に取り入れようとする。 ③身近な事象を見たり，考えたり，扱ったりする中で，物の性質や数量，文字などに対する感覚を豊かにする。

言葉：経験したことや考えたことなどを自分なりの言葉で表現し，相手の話す言葉を聞こうとする意欲や態度を育て，言葉に対する感覚や言葉で表現する力を養う。	
1歳以上3歳未満児	満3歳以上
①言葉遊びや言葉で表現する楽しさを感じる。 ②人の言葉や話などを聞き，自分でも思ったことを伝えようとする。 ③絵本や物語等に親しむとともに，言葉のやり取りを通じて身近な人と気持ちを通わせる。	①自分の気持ちを言葉で表現する楽しさを味わう。 ②人の言葉や話などをよく聞き，自分の経験したことや考えたことを話し，伝え合う喜びを味わう。 ③日常生活に必要な言葉が分かるようになるとともに，絵本や物語などに親しみ，言葉に対する感覚を豊かにし，保育士等（先生・保育教諭等）や友達と心を通わせる。

表現：感じたことや考えたことを自分なりに表現することを通して，豊かな感性や表現する力を養い，創造性を豊かにする。	
1歳以上3歳未満児	満3歳以上
①身体の諸感覚の経験を豊かにし，様々な感覚を味わう。 ②感じたことや考えたことなどを自分なりに表現しようとする。 ③生活や遊びの様々な体験を通して，イメージや感性が豊かになる。	①いろいろなものの美しさなどに対する豊かな感性をもつ。 ②感じたことや考えたことを自分なりに表現して楽しむ。 ③生活の中でイメージを豊かにし，様々な表現を楽しむ。

出所：厚生労働省，2017

いていくことを目指します。
(乳児保育のねらい)
　乳児保育のねらいは，身体的発達・社会的発達・精神的発達という３つの視点が示されています。これら３つの視点が，５つの領域における子どもの成長につながっていくという考え方になっています（表8-5）。
(幼児期の教育のねらい)
　幼児期の教育のねらいは，健康・人間関係・環境・言葉・表現の５つの領域について，「１歳以上３歳未満児」と「満３歳以上」とに分かれています。子どもの発達過程に応じたねらいが設定されているため，「１歳以上３歳未満児」のねらいと，「満３歳以上」のねらいとのつながりを検討する必要があります（表8-6）。
　乳幼児期の教育では，これらの目標をふまえ，ねらいが総合的に達成されることを目指します。そうして培われた「資質・能力」が，小学校以降の学びの基礎となります。

参考・引用文献
厚生労働省（2017）『保育所保育指針』
文部科学省（2017）『幼稚園教育要領』
文部科学省（2017）『学習指導要領』
内閣府（2017）『幼保連携型認定こども園教育・保育要領』
佐藤学（2010）『教育の方法』左右社
佐藤修司（2013）「教育制度における教育権論の課題と展望」日本教育制度学会（編）『現代教育制度改革への提言（上）』東信堂，pp. 12-28.

第9章
教育の計画と評価

◆この章で学ぶこと
・教育計画の基礎が理解できる。
・教育評価の基礎が理解できる。
・乳幼児期の教育における計画の立案と評価・改善のポイントを説明できる。

　第1章でみたように，学校教育をはじめとする教育制度のもとで実施される教育は，意図的教育と呼ばれます。第8章では，教育内容が国や社会の影響下にあることに触れました。大きな文脈では，体系化された教育内容が計画的に配置され，実施されるそのあり方全体が教育制度を具体的に形成しているということができます。そして，制度や政策のレベルの教育計画は，保育・教育の現場での実践を規定することになります。保育・教育の現場でも，教育内容が計画的に配置され，実施されることになります。

　あらかじめ計画されたプログラムに基づいて教育を行う，という考え方自体，比較的新しいものです。教育社会学者の広田照幸は，「近代の教育思想の一つの源流を，社会の改革や変化をプログラム的に計画しようとする思想に求めることができるのではないか」と述べています（広田, 2009）。教育の計画の背景には，子どもたちをはじめとする被学習者を特定の社会像や人間像に近づけていこうとする意図があるといえます。

　計画と現場の現状はかい離する可能性があるため，計画どおりに物事が進んだかどうかのチェックが必要になります。そこで，教育計画は教育評価とセットで論じられます。本章では，教育計画と教育評価の基礎を学びます。

　教育を計画する主体は，国や行政レベルから，個々の学校まで様々です。国や行政レベルの教育計画は，教育政策に具現化されることになります。一方で，個々の学校に求められる計画―評価のサイクルもあります。第1節で，教育政策レベルの教育の計画を，第2節では制度レベルの評価から評価論の基礎をみたうえで，第3節で現場レベルの計画と評価についてみていきましょう。

1 教育の計画（政策レベル）

1．教育計画の歴史

　まずは諸外国における教育計画のうち主要なものをみていきます。
〇ウィネトカ・プラン
　第7章でみたように，近代の学校は「一斉教授」を主な教育方法としており，その問題点は様々な角度から指摘されてきたこともみてきました。アメリカのイリノイ州ウィネトカで1919年に開始された「ウィネトカ・プラン」は，一斉教授の問題点を克服する発想に基づく教育計画でした。具体的には，「読み・書き・計算（3R's）」を中心とする共通基本の内容（コモン・エッセンシャルズ）の個別学習と，クラス単位での「集団的創造活動」を組み合わせたものでした。基礎学力にかかわる部分を個別指導し，集団活動における社会的活動との両立を目指すものだったといえます。基礎学力の定着を課題とする現在の日本の学校教育においても，参考とすべき点があるといえます。
〇ドルトン・プラン
　ドルトン・プランは，パーカーストという教育者が主導しました。パーカーストは，モンテッソーリやデューイから影響を受け，「自由」と「共同」を基本原理とし，子どもの自主的な学習を促進するため，主要教科（数学，歴史，理科，国語，地理，外国語）を自分で選択し，午前中に教科別の「実験室」で自学自習し，必要があれば教師に助言を求めるという学習の形式を採用しました。そして，午後に，副次教科（音楽，図画，家庭，工作，体育）を学級単位で展開するというスタイルをとりました。ドルトン・プランは，能力や意欲の低い子どもの学力向上に対する課題が指摘されるなど，否定的に評価されることもあります。しかし，学習内容を子どもが選択するという実践は当時のヨーロッパや，日本の「大正自由主義教育」にも影響を及ぼしたといわれています。
〇ヴァージニア・プラン
　ヴァージニア・プランは，1929年にアメリカで生じた「大恐慌」下で混乱する社会を背景として，経済・教育の復興を目的として計画されたものです。その特徴は，「人格の統合」と「社会的態度の形成」を目標の中心とした点にあるといえます。民主主義の理想と一致した態度を，問題解決学習を通して育成することを目指しました。また，このプランは「コア・カリキュラム」として知られています。コア・カリキュラムとは，核（コア）となる課程と関連する周辺の課程からなるカリキュラムのことを指します。そのコアとは，各学年ごとに設定した子どもの「興味の中心」に関連する「単元学習」として設定されます。たとえば，民主社会に貢献しうる子どもの育成のためには，科学的・批判的な思考力の育

成が不可欠であるとし，問題解決学習によって各単元の学習を行うことが求められました。そして，そのような問題を解決する学習を中心学習とし，体育・技能の練習などを周辺学習とする，教科の枠を超えた総合的学習の体系をつくりました。

ヴァージニア・プランは，戦後日本の「社会科」に大きな影響を与えました。ただし，ヴァージニア・プランのコア・カリキュラムがそのまま取り入れられたわけではなく，戦後日本の「社会科」は「教科」の一つにとどまった点が異なります。

○ランジュバン＝ワロン・プラン

ランジュバン＝ワロン・プランは，1947年のフランスにおいて提出された教育改革法案を指します。改革案を提出した委員会の初代委員長（ランジュバン）と，その後継者（ワロン）の名からこのように呼ばれています。この改革案は，幼児期から高等教育，卒業後の教育までの教育制度の根本的な改革をうながしたものと評価されています。「正義の原則」を中心とする６つの一般原則からなり，６歳から18歳までの義務教育化などを提唱しました。また，従来の「複線型学校制度」を改め，共通課程を根幹として，個人の能力や適性に応じて次第に専門分化したコースの選択の導入を提案しました。そのすべてが実現にはいたりませんでしたが，フランスにおいては現在にいたる教育制度の方向づけがなされるほど影響力の大きな改革案となり，ヨーロッパのみならず諸外国に大きな影響を与えました。

○プラウデン報告

プラウデン報告は，イングランドの中央教育審議会が1967年に公表した「児童と初等学校」という報告書です。審議会議長の名前にちなみ，このように呼ばれています。この報告書は，初等教育（小学校）から中等教育（中学校・高等学校）への移行に関する教育改革案をまとめたものでしたが，そのアイデアは多岐にわたっています。報告書の特徴は，「子ども中心主義的思想」であり，「学校と家庭および地域社会との連携」「教育機会の不均等の是正」「優秀な子ども・学習が遅れがちな子どもへの特別な教育」「就学前教育の充実」などの方向性が勧告されました。また，その教育方法や内容は「個別またはグループ学習」「活動カリキュラム」「遊び重視の学習」「縦割り学級」「オープンデザイン（オープンスペースを有効に活用）の施設」など，現在の日本の教育にとって参考になるものが少なくありません。学力低下への懸念などの批判もあり，全国的にすべての改革案が実現されたわけではありませんでしたが，イギリスの初等教育を理解するうえで重要な改革案であると同時に，現代的な意味も失われていないといえます。

2．日本における教育の計画

日本における戦後の「教育の民主化」は，それまでの教育のあり方が根本から転換する国家レベルでの教育計画の大改革だったといえます。すでにみたように，それを主導した

のはGHQでした。その後の日本における教育改革も，教育をどのように方向づけるかに関する国家レベルでの教育計画の試みであるといえます。現在の教育の動向に影響を及ぼし，現在の教育計画の背景となった議論をみてみましょう。

○臨時教育審議会（臨教審）による教育改革案

　臨時教育審議会（臨教審）は，首相直属の諮問機関として1985（昭和60）年に発足し，1987（昭和62）年までのおよそ2年間に教育制度に関する答申を提出した審議会です。文部科学大臣の諮問機関として中央教育審議会がありますが，「首相直属」の臨教審はその後の教育改革に大きな影響を及ぼしました。臨教審答申は1～4次にわたり，「個性重視の原則」「生涯学習体系への移行」「国際化・情報科への対応」などが重要なテーマとなりました。また，臨教審による様々なアイデアは，その後のいわゆるゆとり教育の基礎となりました。

　当時，受験への過熱が社会問題化し，受験戦争・受験地獄といった言葉が流行していました。また，「教育内容の現代化」路線における画一的な「詰め込み教育」への反動としてか，学校における問題行動もピークを迎えていました。そのような教育への反省から，「心豊かな人間」を育てることが，教育課題の一つとされました。「ゆとり教育」はそのような文脈から生じてきたものであり，「ゆとり教育＝学力低下の元凶」という見方は一面的であるといえます。ゆとり教育は，1980年代から始まった学校週5日制の導入や学力観の見直し，総合的な学習の時間の新設などを含めた，一連の教育改革動向として理解する必要があります。

○中央教育審議会答申（1996-1997）「21世紀を展望した我が国の教育の在り方について」

　1990年代の教育改革は，臨教審答申の成果を文部科学省が引き継ぐ形で進められたということができます。1996（平成8）年と1997（平成9）年の中教審答申は，「子供に［生きる力］と［ゆとり］を」と題され，その後の基本的方向として「生きる力」「個性尊重」「ゆとり」などの言葉がキーワードになっています。この答申において，「知識を教え込むことになりがちであった教育から，自ら学び，自ら考える教育への転換」が目指されました。具体的には，「総合的な学習の時間」の導入とそれにともなう「教育内容の厳選」が行われました。その後改訂された学習指導要領は，学力低下批判などを巻き起こすことになりますが，「生きる力」という重要なアイデアを生み出し，現在まで引き継がれています。この考え方は，これからの時代を生きる子どもたちは，学校教育で知識の取得（詰め込み）をするだけでは不十分であるという問題意識を背景にしています。現行学習指導要領における「資質・能力」の育成と同様の問題意識が，この答申においてすでに萌芽していたとみることができます。

○中央教育審議会答申（2005）「新しい時代の義務教育を創造する」

　2005（平成17）年の中教審答申では，「新しい時代の義務教育」として，「学校力」「教師力」の強化を通じて，子どもたちの「人間力」を豊かに育てることが目標とされています。

表9-1 教育振興基本計画（第1～第3期）の要点

第1期：2008～2012（平成20～24）年度
「教育立国の実現に向けて」 基本的方向1：社会全体で教育の向上に取り組む 基本的方向2：個性を尊重しつつ能力を伸ばし，個人として，社会の一員として生きる基盤を育てる 基本的方向3：教養と専門性を備えた知性豊かな人間を養成し，社会の発展を支える 基本的方向4：子どもたちの安全・安心を確保するとともに，質の高い教育環境を整備する
第2期：2013～2017（平成25～29）年度
「自立・協働・創造モデルとしての生涯学習社会の構築」 (4つの基本的方向性) 1．社会を生き抜く力の養成～多様で変化の激しい社会での個人の自律と協働～ 2．未来への飛躍を実現する人材の養成～変化や新たな価値を主導・創造し，社会の各分野を牽引していく人材～ 3．学びのセーフティネットの構築～誰もがアクセスできる多様な学習機会を～ 4．絆づくりと活力あるコミュニティの形成～社会が人を育み，人が社会を創る好循環～
第3期：2018～2022年度
「生涯にわたる「可能性」と「チャンス」の最大化」 (5つの基本的方針) 1．夢と志を持ち，可能性に挑戦するために必要となる力を育成する 2．社会の持続的な発展を牽引するための多様な力を育成する 3．生涯学び，活躍できる環境を整える 4．誰もが社会の担い手となるための学びのセーフティネットを構築する 5．教育政策推進のための基盤を整備する

　この答申の特徴として，「義務教育の構造改革」があげられます。これは，目標設定や基盤整備，教育の結果の検証を国の責任で行うことで，義務教育の質を保証しようとする一方，市区町村・学校の権限と責任を拡大する「分権改革」を進める方向性を示しました。この方向性は，学校の自律性を高める一方で，各自治体や学校に説明責任を課し，地域住民への説明責任を強める方向に作用したと考えられます。この大きな方向の延長上に，学校評価制度の導入や，教育委員会改革等を位置づけることができます。

○教育振興基本計画（第1期～第3期）

　2005（平成17）年の教育基本法改正において，第17条に教育振興基本計画に関する条文が追加されました。第17条には，「政府は，教育の振興に関する施策の総合的かつ計画的な推進を図るため，教育の振興に関する施策についての基本的な方針及び講ずべき施策その他必要な事項」について計画を定めることとされました。この計画に応じて，地方公共団体はその実情に応じて基本計画を定めることとされています。表9-1は，第1期から，現行の第3期までのビジョンや方向性をまとめたものです。

　現在では社会状況の変動が速く，教育計画も不断に見直しが必要になっています。現在，「グローバル人材の育成」「人生100年時代」「超スマート社会（Society 5.0）」などが課題となっていますが，こうした国家による「教育計画」が適切な方向性を示しているか，またこうした計画が現場レベルでの運用過程で，適切に機能するかどうかを考える必要があります。

○幼児教育振興アクションプログラム（2006年）

　21世紀に入り，日本はようやく幼児教育を重視する姿勢を明らかにしはじめました。2003年，中央教育審議会に幼児教育部会がつくられ，そこでの議論を経て2005年に発出された答申「子どもを取り巻く環境の変化をふまえた今後の幼児教育の在り方について——子どもの最善の利益のために幼児教育を考える」では，七つの重点施策が提案されました。答申をふまえて2006（平成18）年に文部科学省から発表された「幼児教育振興アクションプログラム」では，答申における重点施策に対応する形で，5か年計画として以下の7つの施策の柱を提示しています。

① 幼稚園・保育所の連携と認定こども園制度の活用の促進
② 希望するすべての幼児に対する充実した幼児教育の提供
③ 発達や学びの連続性を踏まえた幼児教育の充実
④ 教員の資質及び専門性の向上
⑤ 家庭や地域社会の教育力の再生・向上
⑥ 生涯学習振興施策における家庭や地域社会の教育力の再生・向上
⑦ 幼児教育を地域で支える基盤等の強化

　このプログラム自体は時限的なものでしたが，その後もこれらの施策は踏襲され，幼児教育施策が展開されています。

2　教育の評価

1．教育評価の基本

○教育評価の基礎

　教育を計画的に行うことは，特定の学校段階の限られた時間のなかで，子どもたちや学習者が，定められた「目的」への到達を目指すためのステップや，ペース配分を設定することを意味します。一般的に，計画は未来の予測に基づくものであるため，計画どおりにいかないことも考えられます。その場合，計画の修正や新しい計画の立案などがなされます。教育の計画にも，「計画が順調に進んでいるかどうか」のチェックが必要になります。

　そのために行われるのが，「教育評価」と呼ばれる営みです。計画が着実に進んでいるかのチェックや，改善のためのきっかけとなります。計画を立てたものの評価の機会がないと，計画どおりかどうかのチェックができません。また，計画がなければ，評価のしようがありません。「計画と評価」がセットで論じられるのはそのためであり，適切な計画と適

切な評価によって，教育／保育の「質」が高められると考えられます。計画と評価の過程は，教育の目的を確実に達成するための手段です。

「教育評価（evaluation）」という概念の生みの親であるタイラーは，1920年代アメリカの「測定（measurement）」という考え方を批判することで，教育評価というアイデアを主張しました。「測定」という考え方は，子どもの能力を「量」としてテストで測ろうとする方法でした。それに対し，タイラーは，当時のカリキュラム編成と評価について，以下のような手順を提案しました（西岡，2015ほか）。

① 達成すべき「教育目的」を設定する
② 目標の設定に役立つ学習経験を選択する
③ 効果のある指導のために学習経験を組織する
④ 学習経験の効果を評価する

このタイラーの考え方は，教育評価を「教育目標が，カリキュラムや学習指導のプログラムによって，実際にどの程度実現されているのかを判定するプロセス」として定義されています（西岡ほか，2015）。これは，現在PDCAサイクルと呼ばれる教育の質向上のためのプロセスと同様の手順を示していると理解できます。PDCAサイクルは，「計画（Plan）―実施（Do）―評価（Check）―改善（Action）」の頭文字をとってつくられた言葉です。教育評価は，どのような目的・目標に照らして評価するかという視点と，何を対象として（何をみて）評価するか，という視点が重要です。そしてこの両者は，密接に関係しています。

○教育評価の目的・対象・機能

教育評価は，教育の成果をチェックし，実践の質を向上させることであるといえます。評価の対象は，その目的に応じて多様です。

教育の目的や目標は，日本の場合，教育基本法や学校教育法といった法規に規定されています。このような教育目的や教育目標についても，その妥当性を問い，評価の対象とすべきであるという考えが重要です（法レベル）。また，そうした法規を根拠に成立している制度レベルの評価も想定されます。学習指導要領等が10年に一度見直されることも，広い意味では教育評価の国家的な実践であるということができます（制度レベル）。各自治体や各学校において行われる学校評価などは，教育評価が組織レベルで実施されるものです。そして，もっともミクロなレベルに，子どもの評

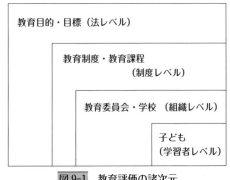

図9-1　教育評価の諸次元

価があるという構造でとらえることができます（学習者レベル）（図9-1）。

　また，教育評価は，いつ実施されるかによって「診断的評価」「形成的評価」「総括的評価」に分かれます。診断的評価は，教育活動に先立って行われる評価です。形成的評価は，教育活動の途中で行われる評価です。総括的評価は，教育活動の締めくくりに行われる評価です。評価の目的や対象により，いつ評価を実施すべきかという評価のタイミングもポイントの一つです。

2．組織レベルの評価——学校評価制度

　現在，学校は地域との連携が求められています。より良い連携のため，各学校には教育活動についての「説明責任（アカウンタビリティ）」があるという考え方が背景にあります。そのため，学校は教育活動を自己評価し，評価結果を公表すること（情報公開）が求められています。学校だけではなく，公的セクターは市民や住民の目に対し自身の活動のプロセスを透明性のあるものにすることが求められており，そのことにより信頼関係を構築することが求められています。

○学校評価制度（幼稚園・幼保連携型認定こども園を含む）

　2007（平成19）年の学校教育法・学校教育法施行規則改正において，学校評価制度が条文化されることになりました。学校評価は，「自己評価」「学校関係者評価」「第三者評価」に区分されます。

　幼稚園から高等学校までの各学校段階には，自己評価の実施と結果の公表の義務（第66条），学校関係者評価の実施と公表の努力義務（第67条），自己評価及び学校関係者評価結果について学校の設置者に報告する義務（第68条）が規定されることになりました（表9-2）。

　具体的な評価の方法等については，小学校・中学校・高等学校については「学校評価ガイドライン」（文部科学省，2010），幼稚園については「幼稚園における学校評価ガイドライン」（文部科学省，2010）に基づいて実施されることとされています。学校評価の目的は以下の3点です。

① 各学校が，自らの教育活動その他の学校運営について，目指すべき目標を設定し，その達成状況や達成に向けた取組の適切さ等について評価することにより，学校として組織的・継続的な改善を図ること。

表9-2　学校評価の類型と概要

自己評価	実施義務　結果公表義務　設置者報告義務
学校関係者評価	実施義務　結果公表努力義務　設置者報告義務
第三者評価	設置者が必要な時に実施

② 各学校が，自己評価及び保護者など学校関係者等による評価の実施とその結果の公表・説明により，適切に説明責任を果たすとともに，保護者，地域住民等から理解と参画を得て，学校・家庭・地域の連携協力による学校づくりを進めること。
③ 各学校の設置者等が，学校評価の結果に応じて，学校に対する支援や条件整備等の改善措置を講じることにより，一定水準の教育の質を保証し，その向上を図ること。

(「学校評価ガイドライン」「幼稚園における学校評価ガイドライン」)

　学校評価は自己評価を中心に情報公開することで，教育活動を地域に開き，地域住民との信頼関係を構築することが求められています。

○保育所における評価制度

　社会福祉法第78条には，「福祉サービスの質の向上のための措置等」として，「社会福祉事業の経営者は，自らその提供する福祉サービスの質の評価を行うことその他の措置を講ずることにより，常に福祉サービスを受ける者の立場に立って良質かつ適切な福祉サービスを提供するよう努めなければならない」とされ，福祉サービスの質の向上のための評価が努力義務化されており，保育所の評価はこのような根拠で実施されます。また，保育所の評価は，自己評価と第三者評価とに分類されます。

　保育所保育指針において，保育士等の自己評価，保育所の自己評価が努力義務規定として盛り込まれました。保育士等の自己評価として，「保育士等は，保育の計画や保育の記録を通して，自らの保育実践を振り返り，自己評価することを通して，その専門性の向上や保育実践の改善に努めなければならない」とされました。また保育所の自己評価として，「保育所は，保育の質の向上を図るため，保育の計画の展開や保育士等の自己評価を踏まえ，当該保育所の保育の内容等について，自ら評価を行い，その結果を公表するよう努めなければならない。」とされています。また，2008（平成20）年に出された「保育所における質の向上のためのアクションプログラム」では，具体的施策のなかに保育現場における自己評価が，保育実践の改善・向上の手段として位置づけられています。

　また，「保育所における質の向上のためのアクションプログラム」では，「国は，保育現場における自己評価が円滑に実施され，養護と教育の充実が図られるとともに，当該自己評価を基盤とした客観的な第三者評価にも資するよう，保育士等及び保育所の自己評価に関するガイドラインを作成する」と自己評価，第三者評価の充実が図られています。

3．子どもの教育評価

○相対評価と絶対評価

　子どもの教育評価も多様です。ここでは，私たちになじみの深い，学校での学力評価について述べたいと思います。日本の小中学校では，戦後から2001（平成13）年の指導要録改

図9-2　相対評価と絶対評価

訂にいたるまで，ある集団（通知表であれば「クラス」）における順位によって成績をつける「相対評価」が採用されてきました。各教科の成績について，上位7％が「5」，次の24％が「4」，その次の38％が「3」，次の24％が「2」，最後の7％が「1」という5段階相対評価で通知表や指導要録における評定がつけられていました。「偏差値」という言葉も一般的に使われますが，これは平均点を偏差値「50」として集団内の位置を数値化したものです。平均を50として，およそ「25〜75」の間で自分の成績を把握する，およそ50段階の相対評価です。

　「相対評価」の反対は，「絶対評価」です（図9-2）。日本の小中学校も，相対評価から絶対評価に移行したわけですが，日本の学校における絶対評価は，「目標に準拠した評価」と呼ばれています。日本の学校における相対評価は，かならず「1」を取る「できない」子どもを生み出します。また，よい評定を得るためには集団内の他の子に勝たないといけないので，集団内部での競争を過熱します。また，相対評価で「5」をとったとしても，獲得した学力の中身が評価されているわけではなく，あくまでその集団内で上位にいることを示すものにすぎません。これらの問題点から，目標に準拠した評価に移行した経緯があります。

　また，絶対評価には，「個人内評価」も含まれます。「道徳」の例をみてみましょう。2018（平成30）年から小学校で，2019（平成31）年から中学校で，「特別な教科」としての「道徳科」が始まります（道徳の教科化）。道徳が教科になることには，国による子どもの心への介入については，強化や評価方法の観点から，懸念が表明されてきました。文部科学省は，「特定の考えを押し付けない」「入試で利用しない」「考え，議論する道徳への転換」という方向性を示しています。評価方法については，「他の児童生徒との比較による評価ではなく，児童生徒がいかに成長したかを積極的に受け止めて認め，励ます個人内評価として行う」という方針を都道府県教育委員会等に通知しました。

　個人内評価には，過去のその子どもの状況や成績と現在をくらべて評価する方法（縦断的個人内評価）と，その子どもの得意不得意（数学は苦手だけど文章能力は高い）や長所短所を評価する方法（横断的個人内評価）があります。

○目標に準拠した評価とその展開

　現在日本の学校では，目標に準拠した評価が行われています。しかしその評価方法も様々です。筆記テストや実技テストなどのテスト法はもっとも一般的な評価法の一つです。現

在,「全国一斉学力試験」の実施により,成果主義・競争主義的な発想で子どもたちは序列化されています。また,知識の「量」が問われた近代的な学力観に基づく試験ではなく,思考力・判断力・表現力といった学力の質を評価することが求められている現在,自由記述式の問題を用いた筆記テストが用いられるなど,筆記テストの方法自体も再検討が必要です。

(到達度評価)

目標に準拠した評価の一つに,到達度評価があります。到達度評価では,到達目標を設定し,子どもが獲得すべき内容を目に見える形で示すことができます。子どもの学力保障の観点から支持される評価方法ですが,目標に基づいて授業や評価を行うことは,目標の達成に向けて子どもを追いたてることにつながり,豊かな教育実践が生み出されることを妨げるのではないかという批判もあります。また,現在のように「多様な資質・能力」が求められる状況下では到達度評価は適していないという批判もあります。

目標に準拠した評価においても,テスト法では子どもの学力や資質・能力を多面的に把握することには限界があります。そこで,「真正な評価」という考えが登場し,そこから新たな評価方法が生み出されてきました。

(パフォーマンス評価)

パフォーマンス評価は,知識やスキルを活用することを求める問題や課題(パフォーマンス課題)への取り組みを評価する方法です。パフォーマンス課題には,レポートなどの作品を評価するものや,プレゼンテーションなどの実演を評価するものなどがあります。パフォーマンス課題については,○か×かで採点することなどはできません。そこで,ルーブリック(評価指標)という「評価基準表」に基づき,評価されます。

(ポートフォリオ評価)

ポートフォリオとは,子どもの作品や自己評価の記録,教師の指導と評価の記録などの資料と,それらを蓄積する入れ物の両方を意味しています。その学びの履歴に基づいて,教育者が子どもを評価すること(ポートフォリオ評価)は,子どもの長期的な成長をとらえたり,カリキュラム全体を通してどのような力が育っているかをとらえるには有効であると考えられています。

子どもに求められる能力観の変容にともない,教育成果を的確にとらえるための評価方法も求められています。現在は,目標に準拠した評価を基本に,「人間性」など目標に準拠した評価がなじまないものについては,個人内評価を取り入れることとされています。目標に準拠した評価を基本に,評価方法の充実を図ることが求められているといえます。

3 計画と評価の実際

1．カリキュラム・マネジメント

　2017（平成29）年に公示された「学習指導要領」，「幼稚園教育要領」，「幼保連携型認定こども園教育・保育要領」では，教育の計画と評価のプロセスを「カリキュラム・マネジメント」という言葉で表現しており，計画と評価を考える際のキーワードとなっています。「保育所保育指針」には，カリキュラム・マネジメントという言葉自体は登場しませんが，「計画→実施→評価→改善」という一連の過程（PDCAサイクル）を通して，保育の質の向上を図るという発想は共有されています。

　小学校の学習指導要領では，「カリキュラム・マネジメントの3つの側面（第1章総則第1の4）」として，以下の3点が示されています。

> ① 各教科等の教育内容を相互の関係で捉え，学校の教育目標を踏まえた教科横断的な視点で，その目標の達成に必要な教育の内容を組織的に配列していく。
> ② 教育内容の質の向上に向けて，子供たちの姿や地域の現状等に関する調査や各種データ等に基づき，教育課程を編成し，実施し，評価して改善を図る一連のPDCAサイクルを確立する。
> ③ 教育内容と，教育活動に必要な人的・物的資源等を，地域等の外部の資源も含めて活用しながら効果的に組み合わせる。

　「資質・能力」の明確化にともない，①と③が強調される形になっています。また他のポイントとして，教科等や学年を超えて組織運営の改善を行うこと，また，管理職のみならずすべての教職員に求められる視点であることを認識することにより，教育力・組織力を高めることが求められています。乳幼児期の教育現場におけるカリキュラム・マネジメントも，小学校以降の学校段階と同様の発想が求められています。

2．保育現場における計画

○全体的な計画・教育課程

　保育所・幼保連携型認定こども園の各「要領」では，園生活の全体を貫く「全体的な計画」の作成が求められています。幼稚園においては，教育課程と呼ばれます。ここでは，特に断る場合を除いて，両者を同様のものと扱い「全体的な計画（教育課程）」と表記します。

　全体的な計画（教育課程）は，保育所保育指針における「保育の目標を達成するため（保育所）」，幼稚園教育要領・幼保連携型認定こども園教育・保育要領における「第2章に示

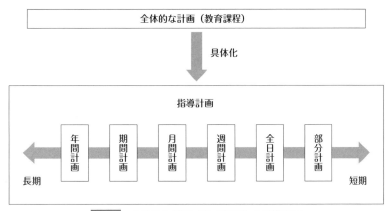

図9-3 全体的な計画（教育課程）と指導計画

すねらいが総合的に達成されるよう（幼稚園・幼保連携型認定こども園）」に作成される必要があります。また，作成にあたっては園長を中心として適切な役割分担と相互連携に基づくとされます。

　全体的な計画（教育課程）の中身は，各施設で少しずつ異なります。

　幼稚園では，教育課程を中心に，教育時間の終了後等に行う教育活動（預かり保育）の計画，学校保健計画，学校安全計画などを関連させ，一体的に教育活動が展開されるための園全体の計画として，全体的な計画の作成が求められています。

　保育所では，保育所保育の全体像を包括的に示すものとし，これに基づく指導計画，保健計画，食育計画等を通じて，各保育所が創意工夫して保育できるためのものとされています。

　幼保連携型認定こども園では，教育と保育を一体的にとらえ，園児の入園から終了までの在園期間の全体にわたり，幼保連携型認定こども園の目標に向かってどのような過程をたどって教育及び保育を進めていくかを明らかにするものであり，子育ての支援と有機的に連携し，園児の園生活全体をとらえ，作成する計画であるとされています。

○指導計画

　園の全体的な計画に基づき，指導計画がつくられることになります。指導計画には，年間計画・期間計画など長期的なものから，月・週・日といった短期的なものまであります（図9-3）。

○自由保育と設定保育

　「指導計画」のうち，計画の時間がもっとも短いのは「部分（指導）計画」です。「部分（指導）計画」は，「設定保育」の指導計画として理解されています。設定保育は，自由保育のとあわせて理解する必要があります。自由保育は，子どもの興味関心に基づき，展開される保育をいいます。この保育は当然，保育者の存在を前提としています。したがって，子

どもがしたいことを自由にさせておく「自由放任保育」ではないことに注意が必要です。しかしそれだけでは，子どもの経験がかたよってしまうことが考えられます。したがって自由保育を補うために，「設定保育」が行われます。設定保育は，保育者が教育的意図をもって活動を計画し展開されますが，そのときにも子どもが主体的に取り組めるような「しかけ」が必要です。設定保育の「導入」においていかに子どもたちの興味・関心をひきだすことができるか，また設定保育後もいかに子どもたちの興味・関心を持続させることができるかを考えながら活動に導き，展開していくことが重要です。

　さらに設定保育においては，活動の「ねらい」と「内容」を明確にする必要があります。その活動が子どもにとってどのような経験となるのかを見通し（内容），子どもにどのような資質・能力につながる心情・意欲・態度などが育まれるのか（ねらい）を見通し，表現します。

3．保育現場における評価と改善

　保育現場における子どもの評価は，子どもの理解に基づいて行われる必要があるとされます。乳幼児期の教育における子どもの評価は，目標に準拠した評価や到達度評価ではなく，観察と記録に基づいてその子どもの興味・関心や心の動きを読み取ることが重要であるとされます。子どものよさや可能性をそこから見出し，子どもの状態像をとらえる必要があります。先に紹介した評価方法の枠組みでは，個人内評価と関連が強いと考えられます。「幼児期の終わりまでに育ってほしい姿」についても，それを到達すべき姿ととらえないよう注意が必要です。

　評価から改善のプロセスを繰り返しながら，保育・教育の質を向上させることが理念的な質向上モデルとして想定されています。こうしたプロセスは，記録等により客観的に明示できることが求められています。

参考・引用文献
広田照幸（2009）『ヒューマニティーズ　教育学』岩波書店
文部科学省（2010）『学校評価ガイドライン』
文部科学省（2010）『幼稚園における学校評価ガイドライン』
西岡加名恵・石井英真・田中耕治（編）（2015）『新しい教育評価入門』有斐閣

第10章
現代社会と生涯学習

◆この章で学ぶこと
- 生涯学習の概念や理念について，歴史的経緯をふまえて理解を深める。
- 生涯学習振興のための制度的基盤や施策の動向について理解を深める。
- 生涯学習社会の実現へ向けた多様な取り組みと課題について考察できるようになる。

1 生涯学習の概念と理念

1．生涯学習とは何か

　「生涯学習」という語に対して，みなさんはどのような印象をもっているでしょうか。地域社会で暮らす私たちにとって身近な生涯学習というと，市町村の主導によって開催される各種の教室や，市民大学講座などが真っ先に思い浮かぶかもしれません。そして，そうした教室や講座を受講するのは，比較的年配で時間的・経済的に余裕のある人たちというイメージも付随してくるかもしれませんね。それらは，生涯学習のもつ一面として決して間違ってはいません。しかし同時に，それだけが生涯学習のすべてでないことにも留意が必要です。

　『文部科学白書』によると，生涯学習には，その人が生涯に出会い，体験するあらゆる種類の学習活動が含まれるとされています（表10-1）。すなわち，幼児が家庭で受けるしつけも，学校で行われる授業も，職場での研修も，果ては休日の草野球のような娯楽的要素の強い活動でさえも，そこに当人にとって広い意味で学びの要素が含まれていれば，それは生涯学習の一つということになるわけです。こう考えると，生涯学習とは実に幅広く多様な，そして私たちにとって身近な学習であることが理解されるでしょう。

　とはいえ，あらゆる学習活動は生涯学習であると言い切ったところで，それだけでは生涯学習の課題はみえてきません。そこで次に，生涯学習を自己の人生を充実させるために行う学習という側面と，社会的な要請によって行われる学習という側面の二つに分けて考えてみることにしましょう。

　1950年に60歳前後であった日本人の平均寿命は，2018年現在で80歳を超え，100歳以上の人口も約7万人に達するなど，この半世紀余りの間に著しい伸長をみせました。それにより，仕事を退職した後あるいは結婚して子育てを終えた後に始まる「第二の人生」の期間

表 10-1　生涯学習の定義

> 「生涯学習」とは，一般には人々が生涯に行うあらゆる学習，すなわち，学校教育，家庭教育，社会教育，文化活動，スポーツ活動，レクリエーション活動，ボランティア活動，企業内教育，趣味など様々な場や機会において行う学習の意味で用いられます。また，人々が，生涯のいつでも，自由に学習機会を選択し学ぶことができ，その成果が適切に評価される社会を指すものとして「生涯学習社会」という言葉も用いられます。

出所：文部科学省，2017

がどんどん延びてきています。第二の人生を充実させるためには，「生きがい」が必要であり，それを学習活動に求めることは決して理解できないことではないでしょう。もちろん，生きがいを求めて学習に向かうのは高齢者に限ったことではありません。社会で働きながら，その余暇を利用して学習やスポーツ，レクリエーションに励む人は，みなさんの周囲にも多くいるのではないでしょうか。学習の動機は，資格を取得しキャリアアップするため，仕事とは別に好きな道をきわめるため，仕事で疲れた身体や精神をリフレッシュさせるためなど様々ですが，これらは自己の人生を充実させるための学習活動と位置づけることができるでしょう。

　一方で，社会の側にも生涯学習を要求する理由があります。日進月歩の技術革新は，私たちの生活環境や労働環境を著しい速度で変化させてきました。グローバリゼーションが進むなか，地球規模での経済競争はますます過熱し，次々に新しい技術・手法が生み出されてはまたたく間に古くなっていくという循環がくり返されています。個人が望むと望まざるとにかかわらず，労働や生活のなかで，学習の継続を強いられる時代に私たちは生きているといえます。また，私たちが社会のなかで暮らしている以上，その社会のルールやマナーを理解し，実践することは，時代にかかわらず要求されます。ゴミの分別方法やその出し方をおぼえること，回覧板によって時々の周知事項を確認すること，地域の伝統的な行事に参加しその文化を継承することなど，いずれも広い意味での学習にあたります。また現在の日本社会では，少子高齢化によって生じる諸問題や，経済格差がもたらす子どもの貧困問題，いじめや人間関係の問題，労働環境の問題，環境問題など，かつては存在しなかったり注目されていなかったものが重大な社会的問題として浮上しています。こうした問題について国民の一人ひとりが知識をもち理解を深めることも，より良い社会をつくるための大切な学習です。

　このように生涯学習は，個人と社会双方からの要求によって成り立つという性質をもっています。より良く生きたいという欲求や，より良い社会をつくりたいという欲求，これらを学習という手段によって満たすために必要な環境を整備すること，それが生涯学習の課題といえます。

2．生涯学習の歴史的背景

2006年に改正された教育基本法では，その第3条に「生涯学習の理念」が新たに加えられました。

> 第3条　国民一人一人が，自己の人格を磨き，豊かな人生を送ることができるよう，その生涯にわたって，あらゆる機会に，あらゆる場所において学習することができ，その成果を適切に生かすことのできる社会の実現が図られなければならない。

旧教育基本法でも，その第2条「教育の方針」で「教育の目的は，あらゆる機会に，あらゆる場所において実現されなければならない」と述べていますので，生涯学習の理念にあたるものがそれまで存在しなかったわけではありません。しかし，生涯学習という言葉が今日のように普及するようになったのは，1965年のユネスコ成人教育推進国際委員会での提起が大きなきっかけでした。パリで開催されたこの委員会では，ユネスコの成人教育部長であったポール・ラングランが中心となって，éducation permanente（永続教育）に関するワーキングペーパーが作成されました。このタイトルとなった語が，日本では「生涯教育」と翻訳されたのです。

ラングランは，社会の変化が急速になりはじめた時代背景のもと，教育は青少年期に集中して行われる学校教育だけで事足りるものではないと考えました。そのうえで，生涯という時系列に沿った垂直的な次元の教育機会と，個人の生活および社会の全体にわたる水平的な次元の教育機会を統合するものとして生涯教育を構想したのです。何らかの学習機会をただ準備すればよいというのではなく，個人の生涯を縦軸にとらえ，個人と社会とのかかわりを横軸にとらえて，教育・学習の機会を有機的に関連づけることこそがラングランの構想の核心でした。

このような経緯によって，日本では当初「生涯学習」ではなく「生涯教育」という呼称が定着します。1970年代になると，「生涯教育」の語を掲げた教育政策の答申や提言が相次いで出されました。

「生涯教育」の語が「生涯学習」へと転換した契機は，1984年に発足した首相直属の諮問機関である臨時教育審議会の答申でした。四次にわたって出された答申のうち，第二次答申において「生涯学習体系への移行」が提言されましたが，この審議会では，「学習者の視点から課題を検討する」という立場から，一貫して「生涯学習」の語が用いられました。臨教審答申後，文部省も「生涯学習体系への移行」を最重点課題として打ち出し，従来の社会教育局を廃止して新しく生涯学習局を立ち上げる運びとなりました。そして1990年には，いわゆる生涯学習振興法（正式名称「生涯学習の振興のための施策の推進等の整備に関する法律」）

が成立します。こうして,「生涯教育」から「生涯学習」へと用語の市民権は移行し,生涯学習は文部省の重点的な施策として位置づけられるようになったのです。

3．生涯学習と社会教育

　生涯学習と類似した概念に社会教育という語があります。文部省では1988年に社会教育局を廃止して生涯学習局を新設し,また1990年にはそれまでの社会教育審議会を改組して生涯学習審議会を設置しました。その後全国の自治体においても,これにならって従来の社会教育担当部署がその名称を「生涯学習」へと変更する例が多くみられました。しかし一方で,今日においても社会教育課のなかに生涯学習係があったり,逆に生涯学習部のなかに社会教育課が位置づけられていたりと,社会的にも両者の関係性が必ずしも明確でない状態がみられます。

　社会教育法第2条では,社会教育とは「学校の教育課程として行われる教育活動を除き,主として青少年及び成人に対して行われる組織的な教育活動（体育及びレクリエーションの活動を含む。）」であると明記されています。先に確認したように,生涯学習が「その人が生涯に出会い,体験するあらゆる種類の学習活動」を含むものであったのに対し,社会教育はその範囲に学校教育を含みません。すなわち,範囲としての社会教育は生涯学習に包含される形が正しいイメージということになります（図10-1）。

　その一方で,生涯学習という概念が輸入される以前から存在した社会教育には,その歴

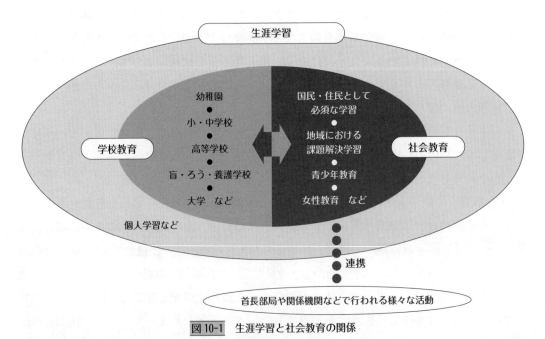

図10-1　生涯学習と社会教育の関係

出所：文部科学省生涯学習政策局社会教育課,2006より作成

史的経緯から生まれた独自の性質もあります。社会教育という語が正式に用いられはじめたのは1920年代のことですが，戦前の社会教育の大きな特徴は，国家主導による団体の育成・組織化という面をもっていたことでした。青年団や婦人会などのように属性ごとに束ねられた団体や，宗教的・思想的教育を目的とした団体が国家によって厳しく管理され，国民に反体制的な思想が広まるのを防ぐはたらきを期待されていました。

　そうした経緯から，戦後の社会教育は，国家が国民の思想や良心にまで介入した戦前の社会教育行政に対する反省を胸に抱いて出発しました。1947年の教育基本法制定を受け，社会教育法（1949年），図書館法（1950年），博物館法（1951年）のいわゆる社会教育三法が成立します。なかでも社会教育法は，公権力の介入を抑制し，民主的な社会の担い手を育成することを目的として，地域における社会教育の中心的施設としての公民館を法的に初めて位置づけたものでした。

　このように社会教育には，生涯学習に包含される概念として生涯学習の振興に寄与するはたらきが期待される一面を有するとともに，地域社会のなかで市民的な能力・資質の形成に資することを目的とする，歴史的な使命ももっているといえます。

2　生涯学習振興の制度的基盤と振興方策の動向

1．生涯学習推進体制の整備

　すでに確認してきたように生涯学習の領域は大変幅広く，その推進にかかわる組織も多岐にわたります。ここでは国レベルでの生涯学習推進体制の整備を中心として確認していくことにしましょう。

　生涯学習を推進する行政機構の中心には，文部科学省内の担当部局が位置づきます。前節で述べたように1988年に社会教育局から生涯学習局への改組が行われましたが，その後2001年の省庁再編にともなって生涯学習局は生涯学習政策局へと変更されました。さらに，2006年の教育基本法改正で新たに「生涯学習の理念」に関する規定が設けられたことを受け，文部科学省では学校教育と社会教育の縦割り構造を克服し，より横断的・総合的なビジョンに基づく教育行政の展開を目的として総合教育政策局（仮）の設置を進めています（2018年現在）。

　生涯学習担当部局の役割は，生涯学習の機会の整備を行うことや，学校教育関連施策，社会教育関連施策，および他部局において展開される生涯学習関連施策の調和・統合を図ったり，大学や民間教育機関，企業等との連携を図ったりすることにあります。たとえば，厚生労働省による高齢者が生き生きと輝く社会づくりを目指す取り組みや，経済産業省による民間の経済活力の向上を目的として産業を支える人材育成を進める取り組みなども，生

表 10-2　主な生涯学習（社会教育）関連答申

1971年	社会教育審議会答申「急激な社会構造の変化に対処する社会教育のあり方について」
1981年	中央教育審議会答申「生涯学習について」
1984〜1987年	臨時教育審議会答申（「生涯学習体系への移行」を提言）
1990年	中央教育審議会答申「生涯学習の基盤整備について」
1992年	生涯学習審議会答申「今後の社会の動向に対応した生涯学習の振興方策について」
1996年	生涯学習審議会答申「地域における生涯学習機会の充実方策について」
1998年	生涯学習審議会答申「社会の変化に対応した今後の社会教育行政の在り方について」
1999年	生涯学習審議会答申「学習の成果を幅広く生かす〜生涯学習の成果を生かすための方策について〜」
2000年	生涯学習審議会答申「新しい情報通信技術を活用した生涯学習の推進方策について」
2008年	中央教育審議会答申「新しい時代を切り拓く生涯学習の振興方策について〜知の循環型社会の構築を目指して〜」
2013年	中央教育審議会答申「今後の青少年の体験活動の推進について」
2018年	中央教育審議会答申「人口減少時代の新しい地域づくりに向けた社会教育の振興方策について」

涯学習関連施策として位置づけられるものです。そうした多様な取り組みに対し，統一的・調和的なビジョンを示すことも，当局の重要な役割といえます。

　一方，生涯学習推進体制の整備を目指して，表10-2のように，これまでに中央教育審議会や生涯学習審議会（現在は中央教育審議会内の生涯学習分科会）から多くの答申が出されてきました。これらの審議会は，文部科学大臣（文部大臣）からの諮問を受け，調査審議のうえ，答申を提出することを任務としており，提出された答申はその後の政策の方向性に重要な意味をもちます。1990年に成立した生涯学習に関する日本で初めての法律である生涯学習振興法も，同年に提出された中央教育審議会答申「生涯学習の基盤整備について」を受けて作成されたものでした。

2．生涯学習振興方策の具体的動向

　次に，近年の生涯学習振興方策の具体的動向として，「知の循環型社会」というモデルを打ち出した2008年の中央教育審議会答申「新しい時代を切り拓く生涯学習の振興方策について〜知の循環型社会の構築を目指して〜」について，その内容を検討してみましょう。

　この答申では，21世紀が豊かな人間性を含む総合的な「知」を求められる時代であること，非正規雇用の増加などの問題をふまえ就業に必要となる知識・技能等を習得・更新できる学習機会の支援が必要であること，行財政サービスが官から民へと移行していく今日においては自立した個人の育成や地域コミュニティの形成が重要であること，等を生涯学習の振興が求められる背景としてあげています。

　この答申の注目すべき点の一つは，従来の生涯学習が学習者の知的満足やキャリア形成といった「個人の要望」を重視するものであったのに対し，今後は「社会の要請」に応え

た人間形成やコミュニティ形成がいっそう要求されるようになることを認め，両者のバランスのうえに成り立つ生涯学習モデルを提示したところにあります。もちろん，生涯学習に社会的課題への応答という側面のあることは，それ以前の答申においても言及されていました。しかし2008年の答申では，当時重大な社会問題として浮上していた国民の経済的格差の問題や非正規雇用の増加等の問題を正面に見据え，社会の変化に対応できる人材の育成という観点がこれからの生涯学習に要求されることを明確に位置づけたのです。

とはいえ，生涯学習は各個人の自発的意思に基づいて行われることが基本ですから，「社会の要請」から生じた学習活動が強制的に個人に課されるようなことがあってはいけません。答申では，生涯学習の支援にあたって「国民の『学ぶ意欲』を支える」ような環境づくりの必要性についても述べられています。

提供された学習機会のもとで学んだ成果を活用するための環境を整備することも重要な課題です。学習成果が社会で幅広く通用し，評価されることは，生涯学習の活動を促進する大きな要因となります。しかしながら，多種多様な機会によって提供される生涯学習の活動を客観的に評価することはなかなかむずかしく，これまでの生涯学習振興方策においては学習機会の提供・整備等の施策を中心に進められ，学習成果の評価やその社会的通用性の確立についてはまだ多くの課題を残しています。

図10-2はそうした課題も含み込んだ，来るべき生涯学習社会（「知の循環型社会」）のイメージです。「個人の要望」と「社会の要請」のバランスのうえに各個人に対する適切な学習機会の提供が行われ，学習した個人はその成果を社会（学校・家庭・地域）で活用（実践）する機会を得ます。学習者が学習成果を社会で活用することにより，社会全体にとってプラスになるとともに，そこから新たな課題や学習の欲求が学習者に生まれ，さらなる学びへとつながる，という構図です。図では循環のサイクルが単純化されたかたちで表されていますが，次節で述べるように，生涯学習を支援する団体・機関はきわめて多様で，そこで行われる学習の内容・方法も実に様々です。「知の循環型社会」の実現にはまだまだ多くの課題が残されています。

3　地域社会における生涯学習の展開

1．社会教育施設とその役割

本項では，社会教育施設の役割や現状についてみていきます。生涯学習施設という語を用いなかったのは，表10-1で確認した生涯学習の定義に当てはめて生涯学習施設をとらえた場合，あらゆる施設が生涯学習施設と解釈されうることになってしまい，かえって混乱してしまうからです。ここでは，学校や家庭を除いた社会教育の範囲に絞って施設の役割

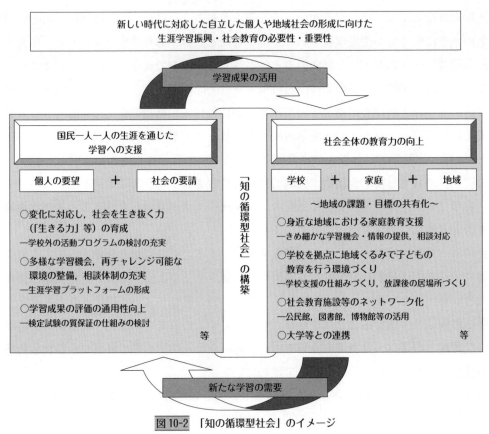

図10-2 「知の循環型社会」のイメージ
出所：中央教育審議会，2008より作成

を考えていくことにしましょう。

　社会教育施設とは，国や自治体が社会教育を振興するために設置した機関を指します。教育基本法第12条第2項には，「国及び地方公共団体は，図書館，博物館，公民館その他の社会教育施設の設置，学校の施設の利用，学習の機会及び情報の提供その他の適切な方法によって社会教育の振興に努めなければならない」と記されています。「図書館，博物館，公民館その他の社会教育施設」とあるところからうかがえるように，種々ある社会教育施設のなかでも，図書館，博物館，公民館は「その他」にくくることができない中心的な位置を占めています。ちなみにここでいうところの「その他の社会教育施設」には，体育施設や文化会館，生涯学習センター，青少年教育施設，女性教育施設などの種類が含まれています。

　公立の社会教育施設は，住民の意思を反映しながら運営されます。たとえば，公民館には公民館運営審議会，図書館には図書館協議会，博物館には博物館協議会を設置できることがそれぞれの根拠法に明記されています。公民館の運営について規定した社会教育法の第32条第2項には，「公民館は，当該公民館の事業に関する地域住民その他の関係者の理解

を深めるとともに，これらの者との連携及び協力の推進に資するため，当該公民館の運営の状況に関する情報を積極的に提供するよう努めなければならない」とあり，その運営が住民の理解とともになければならないことを定めています。

先述したように，戦後の社会教育は戦前の社会教育に対する反省から出発しており，なかでも公民館は，市町村民にとって文化交流の場であるとともに，「民主主義の訓練場」としての中心的な役割を期待されて設置された重要な施設でもありました。「公民館は，市町村その他一定区域内の住民のために，実際生活に即する教育，学術及び文化に関する各種の事業を行い，もって住民の教養の向上，健康の増進，情操の純化を図り，生活文化の振興，社会福祉の増進に寄与することを目的とする」（社会教育法第20条）とあるように，地域住民の学習ニーズを汲み上げ，それに応える総合的な教育施設としての役割を担っています。また，公民館の活動を「集う，学ぶ，結ぶ」と表現することもあるように，公民館は地域住民にとって単なる学びの場というだけでなく，そこに集まって，お互いの結びつきを強める場としても機能してきました。

図書館や博物館は，ともに利用者の自己学習を支援する施設としての一面をもっています。図書館というと，資料の閲覧や貸出サービスが真っ先に思い浮かぶかもしれませんが，その前提として資料の収集・組織化・保存という作業が必要になります。また，自館にない資料を他館から借り受ける図書館間の相互貸借や，利用者の問い合わせに答えるレファレンスサービス，遠隔地の住民に対する移動図書館や視覚障害者への対応など，利用者の学習をきめ細かに支援するサービスの整備が進められています。

博物館は，展示や教育事業を通して人々の学習を支援する施設であると同時に，資料の収集，保管，調査研究をする施設でもあります。博物館では，一般の人が簡単には入手できない貴重な実物資料を展示し，利用者の学習を支援します。展示ケースに収められた資料をみて説明を読むという形式が一般的ですが，近年では実際に資料に触れたり装置を動かしたりできる展示や，バーチャルリアリティーを活用した展示など，その方法にも様々な工夫が凝らされるようになりました。世界的にも著名な絵画の特別展などでは入場までに何時間も並ぶほどの行列ができることも珍しくなく，多くの人々の学習に対する意欲をうかがうことができます。

2．多様な生涯学習の展開

次に，地域社会において展開されている組織化された生涯学習の具体例やその問題点をみていきましょう。ただし，ここでは学校の教育課程として行われている学習活動は除きます。

まず学校外に広がる子どもたちの学びに目を向けると，たとえば「子ども会」のように，細分化された地域のなかで異なる年齢の子どもたちが所属する組織があります。子どもた

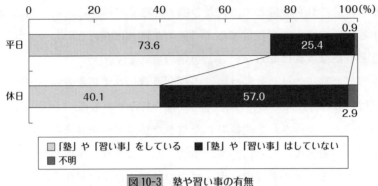

図 10-3　塾や習い事の有無

出所：日本総合研究所，2006より作成

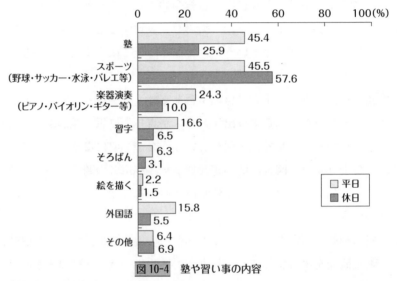

図 10-4　塾や習い事の内容

出所：日本総合研究所，2006より作成

ちの健全な成長を地域で見守り支えるという児童福祉的側面と，学校では行えない学びを支援する「学校外教育」という社会教育的側面をもっています。様々な行事のなかでの遊びを通して，人間関係などを学ぶ場として伝統的に機能してきました。近年では，放課後に習い事をする児童も多く，こうした場が子どもたちにとって広い意味での学びの場として機能しています（図10-3，図10-4）。

　一方，子どもたちの放課後や休日の過ごし方には，家庭によって大きな差があることも否めません。核家族で両親が共働きをしている世帯やひとり親世帯が増加傾向にある今日では，放課後子どもが家に帰っても誰もいないということは珍しくありません。文部科学省では，2014年に「放課後子ども総合プラン」を策定し，放課後の子どもたちの過ごし方について，「放課後児童クラブ」や「放課後子供教室」といった従来の事業を連携・一体化する計画を打ち出しました。子どもたちの放課後の安全・安心を守るとともに，多様な体

験や活動を準備することは，今や国家的な取り組みとなっています。

　成人による地域の生涯学習としては，地縁に基づいてつくられるものと，特定の関心や目的に基づいてつくられるものとがあります。前者の例としては，自治会や町内会，婦人会，消防団，PTA，育成会などがあげられ，後者の例としては，消費者団体，NPO やボランティア団体，サークル，職場で結成される団体など，多様な例があります。後者の団体は，その活動に関心をもった人が集まることが多いため，小規模であっても活発に活動する傾向にあることが特徴です。一方，前者の団体に関しては，個人の志向にかかわらず半ば強制的に加入を求められる場合もあり，目的意識や自発性が希薄な加入者が多くなりやすいといった特徴があります。

　近年では，PTA 活動の問題点がしばしばメディアで取り上げられるようになりました。PTA とは Parent-Teacher Association の略で，児童・生徒の保護者と教員によって主に学校単位で組織される団体です。本来は，子どもの健全育成のため，教員と保護者がコミュニケーションをとりつつお互いに成長するための学びを目的としたボランティア団体であり，実際に PTA の果たしてきた役割は小さくないと思われます。しかし今日では，任意の加入であるはずの PTA に，入会の意思確認もないまま自動的に加入させられ，会費の納入や役員の負担を押しつけられたというように，保護者の不満が表面化する事例が出てきています。PTA を退会した家庭の子どもが，PTA が行っているサービスを受けられなくなったというトラブルも報告されており，解決が急がれる喫緊の課題となっています。

　高齢者による生涯学習も多様です。趣味や嗜好の合う人同士が集まって学習サークルを結成し，指導者を決め，美術，文芸，料理，茶・華道，手芸，ダンスなど多岐にわたる活動を展開しています。活動の場としては公民館や市町村が提供する施設が一般的で，曜日・時間による施設の利用を市町村が管理し，どの時間にどういった活動が行われているかが市町村のホームページで公開されたりもします。

　また各地域には，希望によって高齢者の就業機会を提供するシルバー人材センターがあります。これは，「高年齢者等の雇用の安定等に関する法律」に基づいて設置された，60歳以上を入会資格とする公益法人です。会員の技能・技術を高めるための各種講習会が開催されており，高齢者にとって自身の能力を伸長する生涯学習の場であるとともに，シルバー人材センターから派遣されて就く仕事には，子どものための学習教室や，パソコン教室・英会話教室など，生涯学習の支援に関したものが含まれています。すでに人口減少の局面に入った日本では，高齢者を労働力として確保しなければ立ち行かなくなることが予想されていますが，高齢者自身の意欲や能力を無視した労働の強制とならないよう適切なマッチングのシステムを構築することも課題といえるでしょう。

3．生涯学習の現代的課題

　以上みてきたように，今日の日本では多様なかたちで人々の生涯学習活動が展開されており，それを支援する体制の整備も進められています。人生を充実させるために何かを学びたいという欲求は人として自然なことであり，そうした人々の要求に対し多様な学習の選択肢を提示できることは，その社会の豊かさを示す指標の一つといってよいのではないでしょうか。その点において，日本に「生涯教育」の概念が導入されて以来，数十年をかけて一定の前進を示してきたことは確かです。

　しかし，良い面ばかりではありません。地域における生涯学習支援の中心である自治体の多くはその財政を悪化させており，それがもたらす負の影響も少なからず出ています。社会教育施設の統廃合や縮小，人件費を含めた事業費の削減は多くの自治体で行われています。そのため，正規職員の退職や離職後に欠員の補充を行わず，嘱託・非常勤専門職員や臨時事務職員で賄うという対応は決して珍しいものではなくなりました。こうした体制の変化が生涯学習支援の質の低下につながることは容易に予想されることであり，逆にこの状態で質の低下を防ごうとすれば，職員に過度の要求をすることになり労働環境の悪化を招くことが危惧されます。日本社会で進行する少子高齢化や都市集住化が，これからの地域の生涯学習支援体制に及ぼす影響については，決して楽観視できません。

　また第2節で確認したように，2008年の中教審答申では，生涯学習は「個人の要望」に基づく学習だけでなく，「社会の要請」という視点も取り入れたうえでのバランスが必要との認識が示されました。平成29年度の『文部科学白書』では，対応が進められている「現代的・社会的な課題」として以下の10点をあげています。

1．少子化対策
2．意欲ある高齢者の能力発揮を可能とする高齢社会への対応
3．人権教育の推進
4．男女共同参画社会の形成に向けた取組
5．児童虐待の防止
6．子供の貧困対策の推進
7．主権者教育の推進
8．消費者教育の推進
9．環境教育・環境学習の推進
10．読書活動の推進

　現代の日本が直面するこれらの課題の解決の一端に，生涯学習の推進を通した取り組み

による貢献が期待されています。同書では，地域社会のなかで子どもを健全に育むための環境づくりにあたっても，「社会教育の一層の振興」が必要であるとの認識が示されました。学びたい人のために豊かな選択肢を示すことが中心であったかつての生涯学習政策から，社会的課題の解決に寄与する生涯学習政策へという転換が起きていることは，生涯学習の現在地を正しく認識するうえで確認しておくべきポイントといえます。

参考・引用文献
浅井経子（編著）（2010）『生涯学習概論——生涯学習社会への道』理想社
中央教育審議会（2008）「答申の概要」『新しい時代を切り拓く生涯学習の振興方策について～知の循環型社会の構築を目指して～（答申）』(http://www.mext.go.jp/component/b_menu/shingi/toushin/__icsFiles/afieldfile/2010/03/01/1216827_1.pdf) 閲覧日：2019年1月8日
香川正弘・鈴木眞理・永井健夫（編）（2016）『よくわかる生涯学習［改訂版］』ミネルヴァ書房
小林繁・平川景子・片岡了（2014）『生涯学習概論——学び合うコミュニティをつくる』エイデル研究所
松田武雄（編著）（2013）『現代の社会と生涯学習』九州大学出版会
文部科学省（2017）「第3章　生涯学習社会の実現　総論」『平成29年度文部科学白書』(http://www.mext.go.jp/b_menu/hakusho/html/hpab201801/detail/1411384.htm) 閲覧日：2019年1月8日
文部科学省生涯学習政策局社会教育課（2006）『新しい時代の社会教育』(http://www.mext.go.jp/a_menu/shougai/shakai/06020706/all.pdf) 閲覧日：2019年1月8日
日本総合研究所（2006）「地域の教育力に関する実態調査」報告(http://www.mext.go.jp/b_menu/shingi/chukyo/chukyo2/003/siryou/06032317/002.htm) 閲覧日：2019年1月8日
関口礼子・古池源吾・西岡正子・鈴木志元・堀薫夫（2009）『新しい時代の生涯学習』有斐閣
背戸博史（2008）「日本における生涯学習施策の現況と課題」『琉球大学生涯学習教育研究センター研究紀要』第2巻，pp.51-62.

第11章
教育／保育現場をめぐる現代的課題

◆この章で学ぶこと
・現代の日本の学校をめぐる多様な教育課題について理解する。
・現代社会において求められる学校のあり方について説明できる。
・学校の教育課題を通して，日本社会全体が抱える課題について関心をもつ。

　本章では，教育／保育現場をめぐる現代的な動向を概観します。いずれも，近年の法制化・制度化に関係するものです。これらの新しい動向からは，現在の教育政策の基本的スタンスをかいまみることができます。また，それらの動向には，学校がおかれている社会背景や直面している教育課題が多分に影響しています。以下の各節では，現在の教育／保育現場がどのような課題に直面しており，どのようにしてその課題を乗り越えようとしているのかが示されているといえます。

1　学びの場の多様化

1．学校をめぐる考え方の変化

　尾崎豊は1985（昭和60）年のヒット曲「卒業」において，学校を卒業することを，学校による「支配からの卒業」と歌い若者たちの共感を得ました。この曲は，学校という場所から逃れられない若者のストレスと苦悩を表現したものでした。この当時，学校現場における子どもの問題行動による「荒れ」が，社会問題化するにいたっていました。「受験戦争」の過熱などの背景もあり，「学校に行くのが当然」という規範が支配的で，そこから逃れることのできない閉塞感が，暴力行為など学校における問題行動やいじめの遠因となっていたと考えられます。こうした背景も，国の教育政策の「ゆとり教育」路線への転換を後押ししたと考えられます。
　しかし現在は，学校と子どもの関係性は変化してきた，と指摘されています。表11-1は，学校と子どもの関係性の変化を示したものです。この表は，おおむね戦前・戦中，戦後を～70年代，70～80年代，90年代以降に分け，時代によって，学校が子どもにとってどのような存在だったかを表現したものです。教育社会学者の志水宏吉によれば，尾崎豊が共感を得た時代は，「みんな学校に行かねばならない」という考えがあたりまえだった，「must

表 11-1 学校と子どもの関係性の変化と教育問題

段階	年代	教育問題
「can の時代」 （行けるものだけが行く）	戦前・戦中期	未就学・長期欠席
「should の時代」 （がんばったものが行く）	1970年代まで	少年非行
「must の時代」 （みんな行かねばならない）	70～80年代	校内暴力・いじめ
「may の時代」 （必ずしも行かなくてもよい）	90年代以降	不登校・学級崩壊

出所：志水，2011

の時代」に該当します。学校にはみんな行くのが当然という規範が支配的だった時代だったからこそ，抑圧への不満と，解放への渇望が共感されたのでしょう。

しかしその後，この考え方は徐々に変化してきました。90年代以降の「may の時代」は，学校に「必ずしも行かなくてもよい」時代とされています。そこでは，たとえば「不登校」という現象に対するまなざしも変化することになります。近年発出された文部科学省通知（2016）「不登校児童生徒への支援の在り方について（通知）」によれば，不登校は「多様な要因・背景により，結果として不登校状態になっているということであり，その行為を「問題行動」と判断してはならない。不登校児童が悪いという根強い偏見を払拭し，…（中略）…共感的理解と受容の姿勢を持つこと」が重要であると述べ，こうした観点を基盤とした適切な支援の必要性を提示しています。

志水は「学校が必ずしもよい場所とは限らないかもしれないという常識が社会を覆うようになってきた」（志水，2011）と指摘しています。その影響もあり，学校が子どもたちを拘束する程度は，現在にいたるまで徐々に，相対的に低下してきたということができます。

2018年7月，文科省は「学校復帰」にこだわった従来の不登校対応を見直し「学校復帰」という文言が含まれた過去の通知を見直す方針を明らかにしました。そのため現在では，不登校を含めた子どもたちそれぞれの状況に応じて多様な学びの場を構想する，という考え方に基づき，その体制整備が進められています。

2．多様な学びの機会の確保（初等・中等教育段階）

○フリースクール・不登校特例校

文部科学省は，2016（平成28）年の文部科学省通知において「教育支援センターや不登校特例校，ICT を活用した学習支援，フリースクール，夜間中学での受入れなど，様々な関係機関等を活用し社会的自立への支援を行うこと」とし，子ども一人ひとりの状況に応じて，多様な学びの機会を確保すべき施策の方向性を示しています。たとえば具体的には，在

籍する学校を欠席していても，こうした学習の過程を学校が認めることで「出席扱い」とされることが規定されています。

2005（平成17）年には，文部科学大臣の指定により不登校児童生徒の実態に配慮した特色ある教育課程を編成し，教育を実施する学校（不登校特例校）が認可されるしくみが設けられ（公立・学校法人立），2018年4月1日現在全国に12校が開校しています。

フリースクールとは，不登校により学校に通うことができない子どもへの学習機会の提供や，不登校の子どもの居場所を提供している多様な「学校」を指します。また，通信制高校としてのサポート校なども含む，多様な機関や施設の総称です。「学校」といっても，学校教育法第一条に規定される学校（一条校）としての認可は受けていないのが通常です。しかし，現在は不登校児童生徒が本来在籍する学校長の裁量により，フリースクールに通った期間を出席扱いとすることができます。正規の学校から卒業資格が得られなかった場合でも，中学校卒業程度認定試験や高等学校卒業程度認定試験に合格することで，進学や就職をする進路も開かれています。

○夜間中学（中学校夜間学級）

学びの場を求めているのは，学齢期の子どもだけではありません。上で述べた不登校は，学齢期の子どもが想定されていますが，日本には様々な事情で義務教育を受けられなかった人たちもいます。夜間中学とは，市町村が設置する中学校において，夜の時間帯に授業が行われる公立中学校の夜間学級をいいます。「中学」なので当然，義務教育段階であり，学校教育法第一条で定める「一条校」です。1993（平成5）年の山田洋次監督の映画『学校』の舞台にもなりました。

2017（平成29）年の調査（文部科学省）によれば，2016（平成28）年現在，8都府県に31校が設置されており，在籍者の15.3％が「義務教育未修了者」となっています。戦後の混乱期に労働力として駆り出され，学校教育を受けられなかった人々が学び直すケースなどがあります。

また，在籍者の80.4％が「日本国籍を有しない者」とされており，外国籍住民の日本語習得の場としての役割も果たしています。労働力不足による経済政策として，外国籍の人々の受け入れが進められようとしているなか，こうした需要はますます高まることになるかもしれません。

○外国人学校

外国人学校とは，インターナショナルスクールや民族学校を指します。インターナショナルスクールはいわゆる「一条校」ではありませんが，「国際バカロレア（IB：International Baccalaureate）」修了資格の取得や外国語の習得を目指す子どもたちの学びの場となっています。「国際バカロレア」は，国際バカロレア機構（本部ジュネーブ）が提供する国際的な教育プログラムであり，条件を満たした生徒に対し国際的に通用する大学入学資格（国際バカ

ロレア資格）を与え，大学進学へのルートを確保することを目的として設置されました。現在は，認定校の共通カリキュラム作成や，世界共通の国際バカロレア試験，国際バカロレア資格の授与等が実施されています。

　民族学校は，朝鮮学校，中華学校，ブラジル学校など，特定の国出身の子どもが独自の教育課程に基づいて教育を受ける場合が多く，「一条校」ではありません（第5章参照）。ブラジル学校は，労働者として来日した日系南米人の子どもの「不就学」の受け皿として発展してきた経緯もあります。日系南米人の子どもは，義務教育段階にもかかわらず，「お金がない」「日本語がわからない」「すぐにブラジルに帰る」などの理由で学校に通っていない子どもが一定数存在しており，こうした子どもたちへの教育機会の保障が課題とされてきました。日本国籍をもたないかれら・かのじょらは日本の「義務教育」の対象から除外されている法制度も一因となっています。すべての子どもの教育権を保障する体制づくりが求められているといえます。

3．教育機会確保法

　2016（平成28）年12月「義務教育の段階における普通教育に相当する教育の機会の確保等に関する法律（教育機会確保法）」が施行されました。この法律は，義務教育段階における児童生徒を対象としており，教育機会の確保とは「不登校児童生徒に対する教育の機会の確保，夜間その他特別な時間において授業を行う学校における就学の機会の提供その他の義務教育の段階における普通教育に相当する教育の機会の確保及び当該教育を十分に受けていない者に対する支援」のことを指すとされています。

　ここで具体的に想定されているのは，不登校の子ども，また「戦後の混乱期の中で，生活困窮などの理由から昼間に就労又は家事手伝い等を余儀なくされ，十分義務教育を受けられなかった義務教育未修了者」ですが，「就学に課題を抱える外国人の子供に対する配慮」にも言及されています（文部科学省，2017）。

　この法律では，不登校を生み出さないための学校づくりとともに，学校による，不登校児童生徒への組織的・計画的支援が求められています。また，不登校特例校の設置促進や，教育支援センター（適応指導教室）の設置促進や機能強化が推進されています。教育支援センターとは，「不登校児童生徒等に対する指導を行うために教育委員会及び首長部局（以下「教育委員会等」という）が，教育センター等学校以外の場所や学校の余裕教室等において，学校生活への復帰を支援するため，児童生徒の在籍校と連携をとりつつ，個別カウンセリング，集団での指導，教科指導等を組織的，計画的に行う組織として設置したもの」です。文部科学省の調査（教育支援センター（適応指導教室）に関する実態調査）では，2015（平成27）年5月の段階で，設置している自治体は6割にとどまっています。

　同時に，家庭にいる不登校児童生徒に対する支援についても，支援を充実することとさ

れています。経済的支援や情報提供，教育相談体制の充実についても定められ，不登校児童生徒を支える包括的な支援体制の構築が期待されます。

＊

学校で学ぶのが当たり前という考えが変化し，学びの場を学習者が選択できるようになってきています。同時に，学齢期の子どもだけではなく，年齢や国籍によらず，多様な学習者が学ぶことのできる場を準備することが行政には求められているといえます。

2 教員養成／保育者養成

1．教師のキャリア（幼稚園教諭を含む）

　優秀な教師の確保は，質の高い教育のための重要な条件の一つです。1990年代以降，教師の質向上の必要性が叫ばれ，様々な改革が進行中です。その養成段階から，教師としてのキャリアを通して，成長し続けることが教師には求められています。2015（平成27）年12月の中央教育審議会答申「これからの学校教育を担う教員の資質能力の向上について～学び合い，高め合う教員育成コミュニティの構築に向けて～」では，教職生活を「養成段階」「採用段階」「1～数年目」「中堅段階」「ベテラン段階」の諸段階に分けています（図11-1）。本節では，教師の「養成」「採用」「育成」の各段階における制度と課題を概観します。なお，教師ということばは，法律上「教員」と表記されます。

○養成段階

　教員養成は，国が定めた「教職課程」が設置されている高等教育機関において行われています。学生は，必要な単位を取得することで，教員免許状が得られます。日本では，教育大学や教育学部などの教員養成系大学・学部に限らず，教職課程を追加的に履修し，必要単位を取得すれば教員免許状を得ることができる「開放制教員養成」と呼ばれる制度が採用されています。

　教員免許制度は，「教育職員免許法（以下，免許法）」に基づきます。1989（平成元）年の改正により，普通免許状が専修・一種・二種の三種類に学歴別に種別化（専修新設）しました。その際，大学で履修すべき教職専門科目等の単位数が引き上げられました。また，社会人への教職への誘致を目的とした特別免許状及び特別非常勤講師制度も導入され，大学における教員養成の例外的な措置が拡大しました。また，学校の種類ごとに異なる教員免許状が必要である「相当免許状主義」となっています。

　2019（平成31）年度から実施される改訂学習指導要領にともない，養成する大学・短大の教職課程も新たなスタートを切ることになります。大きな変更点は，「教職課程コアカリキュラム」が導入されることです。コアカリキュラムの策定は，その専門職の養成段階にお

いて学習すべき事項の中心（コア）が示されることであり，養成課程においてはその事項の学修が義務づけられます。すでに，医師養成課程等において取り入れられている制度です。「教職課程コアカリキュラム」は文部科学省が定めることになっています。これにより教職課程の質向上が期待されますが，大学ごとの自律性や特色を活かした教職課程の編成が制限されるのではないかという懸念もあります。

〇採用段階

　公立学校の教員は，「地方公務員」であり，採用を含む人事権は都道府県教育委員会にあります（政令指定都市は政令市に人事権）。公立学校の教員になるには，都道府県（政令市）ごとに実施される「教員採用試験」に合格する必要があります。採用試験は，筆記試験のほか面接や集団討論など様々な形式の試験が実施されますが，1999（平成11）年に文部科学省の審議会（教育職員養成審議会）は，採用試験の方針について「一般の学力試験については一定の水準に達しているかどうかを評価するために活用すること」，また「多面的な人物評価を積極的に行う選考に一層移行すること」などの方向性を示しました。教員採用試験は「競争試験」ではなく，「選考」によるものであり，教員としてふさわしい資質能力を有する人材を確保するためには，人物評価こそが重要であるという認識がみられます。

〇育成段階

　2007（平成19）年，教員免許更新制が導入され，教師は10年ごとに，教員免許状更新講習を大学等で受講することが義務づけられることになりました。これは，普通免許状及び特別免許状に10年という有効期間が付与されたことを意味しています。中央教育審議会答申（2006）「今後の教員養成・免許制度の在り方について」では「更新制」について「その時々で求められる教員として必要な資質能力が確実に保持されるよう，必要な刷新（リニューアル）を行うことが必要」であり，「不適格教員」の排除を直接の目的とするものではなく，専門職としての教員が，更新後も「自信と誇りをもって教壇に立ち，社会の尊敬と信頼を得ていくという前向きな制度」であることが強調されています。

　近年注目されるのは，「教員育成指標」の導入です。中央教育審議会答申（2015）「これからの学校教育を担う教員の資質能力の向上について～学び合い，高め合う教員育成コミュニティの構築に向けて～」において提起されました。これは，教育委員会と教員養成大学等が「教員育成協議会」を設置し，養成から採用，育成にわたり連携協力しながら，組織的に質の高い教師を育てていく方針に基づい

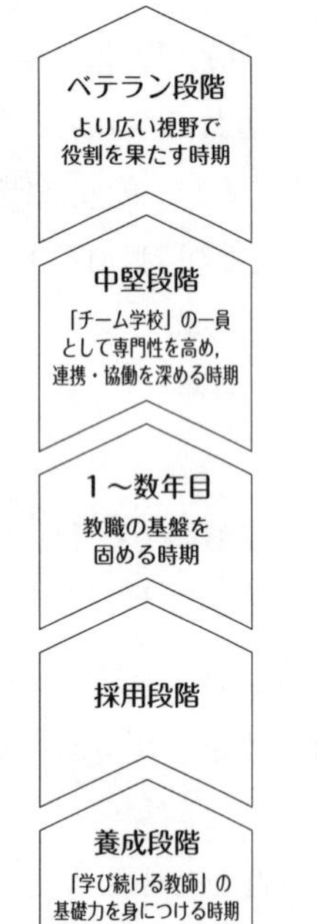

図11-1　**教員のキャリア形成モデル**

出所：文部科学省ホームページ

ています。答申では，協議会の機能について「養成，採用，研修に関する教育委員会と大学との連携協力の在り方や養成カリキュラムと研修内容の相互理解，学校インターンシップ等に関する調整，研修の協力のための教義，相互の人事交流，教師塾等の実施等，具体的な施策等についても幅広く議論されることが期待される」とされています。

教員育成指標に基づき，大学における教員養成を実施し，採用と，教師の学びの過程における効果的な研修の実施などについて，教育委員会と大学との協力が求められています。

2．保育士のキャリア

○保育士養成

保育士養成は，厚生労働省の指定を受けた「保育士養成校」において行われます。養成校において，必要単位を取得することで「保育士資格」を得ることができます。保育士の役割は，子どもの保育のみならず子育て支援も含まれるために，ソーシャルワークや福祉の専門性が要求され，学ぶ内容は非常に多岐にわたっています。

近年の待機児童問題は，保育士不足が一因となっています。保育士資格保有者で，保育所に勤務していない「潜在保育士」が多いことが指摘されています。その原因として，保育士の低い待遇が問題となりました。

○保育士のキャリアアップ

保育士の処遇改善策の一つとして，新たな役職の設置と，研修の受講を条件としたキャリアアップのしくみが2017（平成29）年度から制度化されました。従来は，「園長─主任保育士─（一般の）保育士」という職階制になっていました。学校と同様「なべぶた型」と呼ばれる組織に，新たな役職として「副主任」「専門リーダー」「職務分野別リーダー」が設けられることになりました。それぞれの役職に対する手当が支給されます。新しい役職のための研修の内容は，①乳児保育（0～3歳未満児），②幼児教育（3歳以上児），③障害児保育，④食育・アレルギー対応，⑤保健衛生・安全対策，⑥保護者支援・子育て支援，⑦マネジメント，⑧保育実践の8分野と定められています。研修修了には，1分野15時間の受講が課されます（表11-2）。

いずれのテーマも保育現場が直面している現代的な課題となっており，保育士に求められている専門知識となっているといえます。

「副主任」は，主任保育士の下に位置づけられる役職で，保育業務だけでなく，一般保育士の管理，育成など，主任保育士を補佐する管理職としての役割が期待されています。経験年数概ね7年以上の保育士で，後述する職務分野別リーダーを経験し，マネジメント研修に加え，3つ以上の分野の研修を修了することが条件

表11-2 新しい役職・経験年数・昇給額

役職名	経験年数の目安	昇給額（月）
副主任	概ね7年以上	4万円
専門リーダー		
職務分野別リーダー	概ね3年以上	5千円

です。

　「専門リーダー」は，主任保育士の下に位置づけられる役職であり，保育業務に特化し，専門的な知識経験を生かして働く「現場の中心」としての役割が求められています。経験年数概ね7年以上の保育士で，職務分野別リーダーを経験し，4つ以上の分野の研修を修了していることが条件です。

　「職務分野別リーダー」は，経験年数概ね3年以上で，担当する職務分野の研修を修了すると，その分野に特化した職務分野別リーダーとして認められる制度となっています。

　この制度は，保育士が学び続け専門性を高めることを条件に，処遇改善を行うものです。保育士の専門性向上による保育の質向上や，勤続年数を長期化し，熟達し専門性の高い保育士の確保が期待されています。一方で，保育現場には役職への登用の基準の明確化や，役職者の研修機会の確保等の課題が課せられたといえます。

3　学校安全への対応

1．学校安全が求められる背景とこれまでの取り組み

○学校における子どもたちの危険（災害・事件・事故）と学校安全の「三領域」

　2011（平成23）年に発生した東日本大震災では，子どもたちが保育施設・学校で生活している時間帯に発生しました。不幸にも，児童生徒600名以上，教職員40名以上の命が奪われました。一方で，津波や防災に関する教育により，避難場所が危険であることを子ども自ら判断し，さらに安全な場所に避難して被害を免れた学校もあり，学校安全の取り組みを推進することの重要性が高まっています。

　その他学校では，1999（平成11）年，京都市内の校庭で児童が殺害された事件（てるくはのる事件），2001（平成13）年に大阪の小学校で児童8名の命が奪われた無差別殺傷事件などが相次いで発生しました。おりしも教育政策は，学校が地域社会の中心としての機能を取り戻そうと，「開かれた学校」を目指されていた時期でした。地域社会に学校を開く，という理念と，不審者その他の危険から子どもの安全安心を守るという現実との葛藤がうまれました。

　また，登下校中の交通事故などにより，負傷または命を落とす子どももいます。子どもの交通安全への取り組みをめぐっては，1971（昭和46）年から政府全体で取り組む方針をまとめた「交通安全基本計画」に基づく対策が行われてきました。その他，学校管理下における事故としては，部活動等の課外活動中の事故に加え，授業内における柔道や組体操中の事故が多いことが，教育社会学者の内田良による調査などで知られています（内田，2015）。

　このように，災害や事件や交通事故，教育活動中の事故など，備えるべき危険は無数に

表 11-3　学校保健安全法　第三章　学校安全の概要

条項	概要	内容のまとめ
第26条	学校安全に関する学校の設置者の責務	危険防止・危険等発生時の適切な対処のために必要な措置を講じる
第27条	学校安全計画の策定等	学校における学校安全計画の策定と実施の義務
第28条	学校環境の安全の確保	校長の学校安全の確保（必要な措置、設置者への申し出）
第29条	危険等発生時対処要領の作成等	学校における「危険等発生時対処要領」の作成，職員への周知，訓練の実施，発生時の心理的外傷その他関係者の心身の健康の回復のための支援
第30条	地域の関係機関等との連携	保護者・警察署等との連携

あります。日本の学校安全の考え方では，「生活安全・災害安全・交通安全」の「三領域」に区分され，それぞれへの対策が講じられています。

○学校保健安全法

　中央教育審議会による，2008（平成20）年の答申「子どもの心身の健康を守り，安全・安心を確保するために学校全体としての取組を進めるための方策について」を受けて，従来の学校保健法が改正され，「学校における児童生徒等及び職員の健康の保持増進を図るため，学校における保健管理に関し必要な事項」「学校における安全管理に関し必要な事項」を定めた「学校保健安全法」が策定されました。その第三章において学校安全について規定されています（表11-3）。

　学校の設置者のほか，各学校において取り組むべき事項が定められていることがわかります。学校保健安全法の施行により，学校は学校安全計画や危険等発生時対処要領（危機管理マニュアル）の策定が義務づけられました。しかし東日本大震災の経験から，より個々の学校の実情に応じた計画やマニュアルの作成と，それを活用した避難訓練のあり方などが改めて問われることになりました。

2．学校安全の推進に関する計画

　文部科学省の2012（平成24）年答申「学校安全の推進に関する計画の策定について」に基づき，国は同年「学校安全の推進に関する計画（第1次）」を策定しました。この計画は5か年計画であるため，2017（平成29）年には「学校安全の推進に関する計画（第2次）」が策定されています。

　第2次計画によれば，今後の学校安全の目指すべき姿として以下の2点があげられています。

① 全ての児童生徒等が，安全に関する資質・能力を身に付けることを目指す。
② 学校管理下における児童生徒等の事故に関し，死亡事故の発生件数については限りなくゼロとすることを目指すとともに，負傷・疾病の発生率については障害や重度の

表11-4 学校安全の推進に関する計画（第2次）の施策目標（筆者要約）

施策目標
①学校安全に関する組織的取組の推進
目標1　学校における人的体制の整備
目標2　学校安全計画及び危機管理マニュアルの策定の徹底
目標3　安全教育に係る取組の評価・検証の徹底，計画とマニュアルの改善
目標4　学校安全に関する教職員の研修及び教員養成の充実
②安全に関する教育の充実方策
目標5　学校教育活動全体を通じた安全教育の実施
目標6　自校の安全教育の充実の観点から，その取組を評価・検証，学校安全計画（安全管理，研修等の組織活動を含む）の改善
③学校の施設及び設備の整備充実
目標7　耐震化の早期完了・老朽化対策等の安全対策の実施
目標8　学校における非常時の安全に関わる設備の整備充実
④学校安全に関するPDCAサイクルの確立を通じた事故等の防止
目標9　学校における学校施設・設備・通学（通園）路の安全点検の実施，児童生徒等の学校生活環境の改善
目標10　学校管理下において発生した事故等の調査の実施
⑤家庭，地域，関係機関等との連携・協働による学校安全の推進
目標11　保護者・地域住民との連携・協働に係る体制の構築
目標12　関係機関との連携体制構築による安全対策の推進

負傷を伴う事故を中心に減少傾向にすることを目指す。

　これらの実現のために，5つの項目に関し，12の施策目標が設定されています（表11-4）。これらは，すべての学校が，地域の実情に応じて目指すべき内容です。
　安全の過剰な要求は，教育活動を妨げる可能性もありえますが，子どもの安全は，教育活動の大前提であるべきです。行政を含めた組織的な環境整備に加え，教職員の意識向上と子どもへの安全教育の充実が求められるといえます。

3．保育現場における安全

○現　状

　保育現場における事故については，内閣府が「平成29年教育・保育施設等における事故報告集計」を公表しています。教育・保育施設等とは，施設型保育に加え病児保育や放課後児童クラブ等の地域型保育事業，認可外保育施設等も含みます。
　2018（平成30）年の報告によれば，2017（平成29）年の1年間で事故報告件数が1242件，負傷等の報告が1234件であり，そのうち1030件（83％）が骨折でした。また，死亡報告は8件となっています。

○対　策

　事故防止対策としては，「教育・保育施設等における事故防止及び事故発生時の対応のためのガイドライン」において，事故発生時の対応，事故発生直後の対応や事故状況の記録等について定められています。

安全教育や危機管理マニュアルの策定などの学校安全をめぐる観点に加え，乳幼児期の特性をふまえた対応も必要です。たとえば，乳児の睡眠中の窒息リスクの除去や，プール活動・水遊び中の事故への対応などが考えられます。プール活動・水遊びについては「児童福祉施設等においてプール活動・水遊びを行う場合の事故の防止について」（厚生労働省，2014）が定められています。

また，感染症・食事の提供・アレルギー対応などに関しても，各ガイドラインが制定されています。こうした各ガイドラインの職員への周知徹底が重要といえます。

4　教育の情報化

1．高度情報社会と子ども

現代社会は情報化社会といわれます。情報化社会とは，情報の価値が高まり，情報通信網の技術革新にともなって，個人にとって情報の活用が重要性を増す社会であると表現することができます。歴史的には，新聞・ラジオ・テレビといったマスメディアの普及は，子どもたちが成長する環境にも大きな影響を与え続けてきました。

米国の社会学者であるニール・ポストマンは，テレビをはじめとする映像メディアの普及により，子どもが多くの情報へのアクセスが容易になった結果，「大人」と「子ども」の境界があいまいになったことを指摘しました。これは，子どもから「子ども期」ならではの経験が奪われ，子どもが成長する環境が変質したことを意味しており，こうした事態が批判的に論じられています（ポストマン，2001）。そのほかにも，テレビが子どもの成長に及ぼす悪影響は，家庭用テレビの普及にともなって語られてきました。現在は，インターネットと，スマートフォンやタブレット端末の普及による子どもへの影響に関心が移っている高度情報社会といえるでしょう。

確かに，都市化や核家族化といった社会の変容を背景に，幼少期の子どもたちの体験は，質・量ともに縮小しているようにみえます。文部科学白書（2016）は，体験活動を「生活・文化体験活動」「自然体験活動」「社会体験活動」に分類し，体験活動と自己肯定感，道徳観・正義感，人間関係能力や自尊感情，意欲・関心等の資質・能力との相関を指摘しています。スマートフォン，タブレット端末の使用時間が長くなるにつれ，こうした直接的な体験がさらに縮小することを危惧する声があがるのは無理もありません。

しかし，子どもをメディアの情報から完全に遠ざけるのも，現実的ではないように思えます。情報化は，私たちにとってマイナスの側面ばかりではありません。知りたい情報に容易にアクセスできる利便性などのプラスの側面も同時に考え，子どもたちが，高度情報社会をどのように生きていくことが望ましいかを検討する必要があります。

2．教育の情報化

○教育の情報化とは

　1996（平成8）年の中央教育審議会答申「21世紀を展望した我が国の教育の在り方について（第一次答申）」において，すでに社会の情報化を見据えた教育のあり方が展望されています。そこでは，子どもに必要な資質や能力として「情報リテラシー」「情報モラル」の育成が提言されています。その後，急速にインターネットがグローバルな情報通信基盤としてその価値と役割を増し，学校教育においてそのような社会の変化に対応できる子どもの育成が課題となりました。

　このような背景から，2010年代前後から「教育の情報化」が推進されることになります。教育の情報化は，2008（平成20）年1月の中央教育審議会答申「幼稚園，小学校，中学校，高等学校及び特別支援学校の学習指導要領等の改善について」において，「社会の変化への対応の観点から教科等を横断して改善すべき事項」として，情報教育の重要性とICT（Information and Communication Technology：コンピュータやインターネットなどの情報通信技術）環境の整備の必要性が指摘されています。

　その後，2011（平成23）年の「教育の情報化ビジョン～21世紀にふさわしい学びと学校の創造を目指して～」（文部科学省）において，生きる力に資する能力として「情報活用能力」を位置づけ，情報通信技術を活用して，「子どもたち一人一人の能力や特性に応じた学び，子どもたち同士が教え合い学び合う協働的な学びを創造」することを，教育の情報化が果たす役割としています。ここで教育の情報化とは，具体的には「①情報教育（子どもたちの情報活用能力の育成），②教科指導における情報通信技術の活用（情報通信技術を効果的に活用した，分かりやすく深まる授業の実現等），③校務の情報化（教職員が情報通信技術を活用した情報共有によりきめ細かな指導を行うことや，校務の負担軽減等）」の3つの側面として示されており，これらを通して，教育の質向上が目指されています。

○「超スマート社会」に向けた教育の情報化

　2016（平成28）年，政府は「第5期科学技術基本計画」を閣議決定しました。この文書は，2016（平成28）年度からの5か年計画であり，科学技術イノベーション（革新）政策を推進する方向性が示されています。

　その柱の一つに，「超スマート社会」というビジョンが示されています。超スマート社会とは「ICTを最大限に活用し，サイバー空間とフィジカル空間（現実世界）とを融合」させることで，「必要なもの・サービスを，必要な人に，必要な時に，必要なだけ提供し，社会の様々なニーズにきめ細かに対応でき，あらゆる人が質の高いサービスを受けられ，年齢，性別，地域，言語といった様々な違いを乗り越え，活き活きと快適に暮らすことのできる社会」とされています。

ここで，今後の科学技術のカギを握る技術がICTであり，今後日本の教育が注力すべき分野の一つとして注目されています。

学校現場では，2016（平成28）年に，5か年計画として「教育の情報化加速化プラン～ICTを活用した「次世代の学校・地域」の創生～」が策定されました（文部科学大臣決定）。ここにおいて，高等学校の情報科についての必修科目設置や，小・中・高等学校の各学校段階における教科学習においても情報活用能力を育み，それぞれの強化等の特性に応じてICTを効果的に活用することについて検討されています。その後，2017（平成29）に公示された『学習指導要領』における小学校での「プログラミング」の導入などへとつながっています。

3．保育現場のICT化

2010（平成22）年の『教育の情報化に関する手引』をみると，就学前段階はその対象として明示されていませんでしたが，2017（平成29）年改訂の『幼稚園教育要領』において，「指導計画の作成上の留意事項」のうち「情報機器の活用」に関する記述が充実されました。そこでは「視聴覚教材等については，幼児教育では，直接体験が重要であることを踏まえつつ，たとえば，日頃の幼稚園生活では体験することが難しい体験を補完したりする場合や，幼児がより深く知りたいと思ったり，体験を深めたいと思ったりした場合」など，幼児の体験との関連を考慮することが求められています。ここからは，保育現場においては，情報機器の活用があくまで子どもの教育にとって補助的な役割を果たすものと位置づけられていることがわかります。

保育現場でのICTの利用も，学校現場での「教育の情報化」に準じて検討される必要があるといえます。つまり，①情報教育，②ICTの活用方法の検討，③園内業務のICT化です。以下，この3点のそれぞれについて論点を整理したいと思います。

○情報教育

保育現場における情報活用能力の育成は，近年のスマートフォン等の通信端末の普及や，子どもによる動画視聴やゲームなどによる利用時間の増加に鑑みれば，そうしたメディアとの付き合い方の基礎を身につける必要があるといえます。乳幼児期の教育が直接的な体験を基本とする原則から，こうした遊びの楽しさを十分に味わう経験がいっそう重要になると考えられます。しかし，情報活用能力の観点から，物的環境としてパソコンやタブレット等の端末との接触の機会を積極的に設けることも検討する必要があるかもしれません。第6章で触れた，イタリアのレッジョ・エミリア市の教育を紹介するDVD「レッジョ・エミリアの幼児教育」（ワタリウム美術館，2013）では，保育室にパソコンが設置されており，子どもたちが「フォトショップ」というソフトを使って，自分たちが撮影した写真を合成して遊ぶ様子が紹介されています。

○ICTの活用方法の検討

　ICTの利活用については，直接的な利用より，子どもの直接的体験を豊かにするための補助的な役割として位置づけるのが妥当であると考えられます。タブレット等の通信端末は，視覚的な情報を提示する手段として利用することで，子どもの興味・関心をひきつけるのに役立つかもしれません。

　2017（平成29）年の『幼稚園教育要領』の改訂にともなう，短大・大学での教員養成課程には「教職課程コアカリキュラム」が導入されました。これは，すべての教職課程において遵守すべき教育内容の基準ですが，このなかで，幼稚園教諭免許状取得の必修科目である5つの領域の「指導法」では，ICTの利用を授業内容に含めることが定められました。今後，保育現場においてICTをいかに利活用していくかの方法が模索されていくでしょう。

○園内業務のICT化

　保育者の多忙化は，様々なところで指摘されています。待機児童問題の背景である保育士不足も，給与・待遇に，業務内容の負担が見合っていないとの認識が背景にあります。2014（平成26）年の「東京都保育士実態調査報告書」によれば，就業している保育士の現在の職場の改善希望として，「給与・賞与等の改善」が約6割（59.0%）で圧倒的に高く，次いで「職員数の増員」（40.4%），「事務・雑務の軽減」（34.9%），「未消化（有給等）休暇の改善」（31.5%）などが続いており，労働条件や職場への不満の高さが明らかです。

　こうした状況をふまえ，保育士の業務負担軽減の観点から，園内業務のICT化が検討されています。2018（平成30）年の経済産業省による「保育現場のICT化・自治体手続等標準化検討会報告書」では，「保育人材確保」のために保育士の業務負担軽減のための支援として，園内業務のほか，保育に係る自治体手続きを標準化し，ICT化する方向性が示されています。

参考・引用文献
文部科学省（2016）『文部科学白書』
文部科学省（2017）「義務教育の段階における普通教育に相当する教育の機会の確保等に関する基本方針」
ポストマン，N　小柴一（訳）（1995）『子どもはもういない——教育と文化への警告』新樹社
佐藤学（2016）「転換期の教師教育改革における危機と解決への展望」『教師教育学会年報』
志水宏吉（2011）『学校にできること——一人称の教育社会学』角川学芸出版
東京都福祉保健局（2014）「東京都保育士実態調査報告書」
内田良（2015）『教育という病——子どもと先生を苦しめる「教育リスク」』光文社新書

第12章
連携による教育・保育

◆この章で学ぶこと
・連携による教育が求められる背景が理解できる。
・就学前と小学校との連携の基礎的な考えが理解できる。
・教育・保育現場における連携のあり方が理解できる。

1　連携の考え方

1．学校の役割の問い直し

　近代学校制度の成立と普及により，子どもの教育を担う機能の一部が，家庭から学校に移行しました。社会のなかで学校の果たす役割が大きくなり，その影響がすべての子どもに及ぶようになった現代社会において，もはや学校がない社会を想像するのはむずかしい現状です。しかし，社会のなかでの学校の役割が大きくなったとはいえ，子どもの教育は学校教育だけで完結するものではありません。また，「学校的価値観」が社会の隅々まで浸透したことによる問題も指摘されてきました。

　1990年代半ば，子どもの育ちの一連の過程のなかで，学校教育はどんな役割を果たすべきか，という議論がなされるようになりました。背景には，学校が社会と隔絶された閉鎖的な空間であり，学校のあり方を考え直さなければならないのではないか，という学校に対する批判的な認識がありました。1996（平成8）年の中央教育審議会による答申「21世紀を展望した我が国の教育の在り方について」(第一次答申)では，「子供たちの教育は，単に学校だけでなく，学校・家庭・地域社会が，それぞれ適切な役割分担を果たしつつ，相互に連携して行われることが重要」という視点から，「学校・家庭・地域社会の役割と連携の在り方」に関する提言がなされています。

　ここで示されているのは，「学校が社会に対して閉鎖的である」という現状認識に基づき，学校が社会（家庭・地域社会）に対して「開かれた学校」となるべきという考え方です。この答申からは，学校が積極的に社会に働きかけ，意見を取り入れ，説明責任を果たす必要性とともに，学校のあり方を批判的に検証し，改善しようとする姿勢を読み取ることができます。

　この答申で同時に提言されているのは，「学校のスリム化」です。ここでは，「学校・家

庭・地域社会の連携と適切な役割分担を進めていくなかで，学校がその本来の役割をより有効に果たすとともに，学校・家庭・地域社会における教育のバランスをよりよくしていくということは極めて大切なこと」と述べられています。学校の機能を明確化し，家庭や地域でできることは家庭・地域にゆだねる方向性が示されています。

　このように，学校の機能の見直しと役割の明確化は，家庭・地域との連携とセットで議論されています。つまり子どもの教育は，学校任せではなく，家庭・地域との連携に基づき，お互いの役割分担を明確にしながら協働して行う，という方向性が示されているのです。それに加え，他職種との協働・連携も求められています。

　このような教育政策の方向性では，学校・家庭・地域や各機関との「つながり」が課題になります。家庭と学校のつながり，保育施設と小学校のつながり，学校と地域社会のつながり，学校と他機関のつながりなどのそれぞれにおいて，望ましい連携のあり方が模索されるようになります。

　マンギオンらは，「家庭・学校・コミュニティのパートナーシップが連続性を助け，子どもの発達を助ける」として，そのつながりのことを「連続性（continuity）」と表現しています。そして，各学校段階の連続性を「タテの（垂直的）連続性」，学校と，家庭や地域との連続性を「ヨコの（水平的）連続性」と呼んでいます（Mangione & Speth, 1998）。望ましい連携とは，つながりをつくりだすための人々の協働と，組織間の制度的な接続によって成り立つと考えることができます。

2．求められる人と人とのつながり

　社会の変容は，子どもを取り巻く環境を変化させます。戦後から高度経済成長期を経て，日本は現在安定成長期へと移行してきています。その間，産業構造の変化にともない，地方にとっては人口流出，都市部では多くの人口流入が生じました。その結果，地域コミュニティは少しずつその紐帯（ちゅうたい）を弱め，都市部では核家族を単位とする新しいコミュニティ（共同体）が形成されました。こうしたコミュニティは，「地縁・血縁」でつながっているわけではないため，もともとの仲間意識が希薄です。したがって，学校がコミュニティ内部のつながりを形成するための重要な役割を果たしました。PTAや子ども会などを介したつながりは，新しいコミュニティを支える機能を果たしてきたといえます。

　現在，コミュニティのあり方は，さらなる変容の途上であるということができます。たとえば，「わたしはわたし」「うちはうち」という「個人化」が生じ，子ども会などの団体や地域行事などへの参加も低下しつつあります。ライフスタイルや人生設計の多様化などの背景にある，考え方や価値観の変化も，子どもたちの生活に影響を及ぼしていると考えることができます。さらに，少子化により子どもの数は減少する一方です。こうした結果，現在の子どもたちは，「近所」という地理的に近接したところに住む子どもたち同士で仲間

集団を形成しづらい環境になりつつあるといえます。

　教育社会学者の藤田英典は，1991（平成3）年の著書で，子どもを取り巻く地域社会の変化を「共同性の崩壊」と表現し，以下のように記述しています。

　　「かつて，地域共同体（コミュニティ）が厳然として存在していたころ，共同体の構成員の生活を秩序づける規範とモラルの体系があり，教育とはその体系を教え，その共同体の構成員にふさわしい〈一人前の生産人〉を育成することであった。ところが，産業化・都市化が進展し，社会移動が増大するにつれて，共同体の境界が曖昧になり，規範の拘束力が弱まり，〈一人前の生産人〉というイメージも拡散してきた。子どもは生まれ育った共同体からやがては出ていくかもしれず，古いしきたりや慣習は必ずしも守る必要のないことであり，どういう職業に就くか，どういう生活をするかは個人が自由に選ぶべきことである，と考えるようになってきた」（藤田，1991）。

　これは，平成初期の文章ですが，この時点から約30年がたった今，さらに変化は大きくなっていると考える必要があるでしょう。こうした変化は，「都市部」の方が大きい可能性があります。「都市部」と「地方」におけるコミュニティのあり方は，異なっているはずです。その土地の状況に応じて取り組むべき課題は多様であると考えられます。

　しかし，地域のなかの人と人とのつながりは，子どもたちに有形無形の好影響を与えることが，これまでの研究でわかっています。パットナムは「社会関係資本」という概念で人々のつながりを「資本」としてとらえました。

　パットナムは近年の著作（パットナム，2017）において，アメリカ社会の格差が固定化しつつあると指摘しています。かつてのアメリカ社会には，地域の子どもも「われらの子ども（our kids）」としてとらえ，自分の子どもではなくても，手を差し伸べてくれる大人が身近に存在していたといいます。そのおかげで，経済的な困窮などの厳しい家庭環境から救われ，社会的に成功を収める子どもも少なくなかったというのです。しかし現在は，地域の子どもを「われらの子ども」ととらえる意識が消失していると，パットナムは指摘しています。地域の子どもたちを「われらの子ども」ととらえ，自分の子どもではなくても，気にかけたり支援の手を差し伸べてくれる大人がいなくなったことで，子どもたちは家庭の外に自らを支援してくれる資源を見出すことがむずかしくなりました。それは，家庭環境の厳しさが，子どもの育ちに決定的な影響をもたらすことを意味します。子どもが自ら選択することのできない家庭環境により，子どもの人生（具体的には学力や収入など）が運命づけられてしまうのです。

　地域のつながりは，子どもが厳しい家庭環境から被る不利益を緩和し，格差の固定化に歯止めをかける役割を果たします。地域との連携強化を図る教育政策は，このような視点

からとらえる必要があります。つまり,「連携」が目指すのは,人と人とのつながりがもっていた機能を「再生」または「創造」することであり,そうしてつくられた連携の網の目のなかで,子どもたちの健やかな成長を見守り,支援できる体制を地域のなかにつくることであるといえます。そのために,国・地方の行政機関をはじめ,学校や保育施設が主導して,制度やしくみをつくることが求められています。

以下の各節では,保育・教育現場に関連する連携を取り上げ,その課題と展望について述べたいと思います。

2　教育と子ども家庭福祉

1．教育と福祉

福祉（welfare）を直訳すると「幸せ」ですが,これは私的な幸せではなく,「一定の範囲にいる誰もが必要とする幸福」という意味が含まれており,家族や友人などによる「関係性に基づく援助」とは異なる特殊な援助であるとされています。国や行政などの公的機関が援助の主体となり,福祉の実現のための活動を行うことで,「援助を必要としている人の社会的な関係性を取り戻したりつくりだしたりする」ことが,求められています（稲沢・岩崎,2008）。福祉の充実の要求は,国や行政によるいっそうの介入を要求することでもあります。

それでは,教育と福祉はどのような関係にあるでしょうか。すでに述べてきたように,戦後日本の教育界は,教育内容への公権力の介入を批判し,けん制してきました。つまり,福祉とは反対に,国や行政などの介入を拒否しようとするまなざしをもち,公権力との緊張関係のなかで教育制度が成立してきた経緯があります。公権力の介入のとらえ方においては,教育と福祉は相反する側面があります。

こうした背景もあってか,教育と福祉は異なる領域として対置され,とらえられてきました。しかし戦後の教育界を牽引した教育学者の一人である持田栄一は,このことを批判して,次のように述べています。

> 「（前略）一般者の教育から区別され,差別されたかたちで福祉の対象としての教育が追求されることとなった。たとえば,普通児の教育に対する障害児教育,普通幼児の教育である家庭保育―幼稚園の教育に対する「保育に欠ける」幼児を対象とした保育所における児童保護（中略）が「福祉」の対象とされ実体化され,前者と差別的に取り扱われている（中略）両者の関係を統一的にとらえていくことが課題となっている」（持田,1978）。

持田があげた「普通教育／障害児教育」,「幼稚園教育／保育所保育」を, 現在に当てはめてみると, 障害児教育は特別支援教育を経て, インクルーシブな教育システムが目指されるにいたり, 従来の「普通／障害児」という枠組みは流動的になりつつあります。そして, 保育所保育は教育機能を有することが明記され, 少なくとも公的に定められた教育内容（保育内容）においては, 幼稚園教育との区別は明確でなくなっています。以前と比較すれば, 現在は教育と福祉の境界が不安定になりつつあるといえます。

2. 教育・保育と子ども家庭福祉との連携

○子ども家庭福祉の考え方

「子ども家庭福祉」という概念は, 戦前から用いられてきた「児童福祉」という概念がもとになっています。「子ども家庭福祉」という概念は, 1981（昭和56）年中央児童福祉審議会の意見具申「今後のわが国の児童家庭福祉の方向について」に起源があるとされています。「子ども家庭福祉」という概念が一般的に用いられる背景には, 子どもを対象とした福祉が, 家庭への福祉と切り離すことができず, 子どもと家庭の双方を視野に入れた福祉のあり方を模索すべきという考え方があります。

児童福祉法は, 2016（平成28）年に改正されました。特に, 第1条から第3条の総則部分（法律全体に適用される基本的考え方）についての児童福祉法の改正は, 1947（昭和22）年の児童福祉法公布以来, 初めてのことです。それだけに大きな意味をもっていると考えられます。

この改正の意義の一つは, 子どもが「権利の主体」として初めて規定されたことにあります。日本は, 1994（平成6）年に「児童の権利に関する条約」を批准しましたが, 権利主体としての子どもの法律への明記は, 以来20年余りを経て, ようやく実現しました。

子ども家庭福祉施策は, ①母子保健施策, ②地域の子育て支援施策, ③保育施策, ④児童健全育成施策, ⑤養護等を必要とする子どもへの施策, ⑥ひとり親家庭への施策に分類されています。

○背　景

現在, 家庭のあり方は変容し, 多様化しつつあります。学校教育は, 家庭のあり方が多様化したこと, それにともない子どもの生活経験にばらつきが生じていることに配慮する必要があります。これらの「家庭の変容」は, 保護者による家庭教育のあり方や家庭の機能の低下といった問題ではなく, 社会の変化に起因するものです。そして, 多くの子どもたちが厳しい現実にさらされています。

その一つの現象として「子どもの貧困」をあげることができます。日本の「相対的貧困率」は約14％にのぼり, OECD諸国のなかでも高い数値です。これは, 日本の子どもの約7人に1人が, 経済的に困窮した状況にあるという計算になります。また, ひとり親家庭の増加も顕著であり, ひとり親家庭の貧困率の高さはOECD諸国のなかでも高い水準にあ

ります。

　これらのデータは，日本の子どもたちのおかれた厳しい環境を物語っています。「子ども家庭福祉」の思想は，これからの乳幼児期の教育現場，学校現場に，そうした子どもたちの背景にも目を向け，保護者や子どものニーズに応答することを求めているといえます。これらの現実から，教育の現場は福祉の視点をもち込まざるをえない状況にあるといえます。

○政策動向
〈要保護児童対策地域協議会〉

　要保護児童対策地域協議会は，2004（平成16）年の児童福祉法改正により設置が可能になりました。虐待児童や非行児童等の要保護児童（保護者のない児童又は保護者に監護させることが不適当であると認められる児童）の早期発見や適切な保護，支援のために関係機関が連携して対応するために設置されています。そこでは，市町村・保健機関・学校・教育委員会・保育所・幼稚園・児童館・民生委員・児童委員・児童相談所・医療機関・警察や民間団体などが参加することができます。

　教育と福祉だけではなく，他分野の専門機関との連携に基づき，地域の子どもへの適切な支援の提供が期待されています。

〈「トライアングル」プロジェクト〉

　2018（平成30）年5月，文部科学省と厚生労働省は「教育と福祉の一層の連携等の推進について（通知）」を発出しました。それに先立つ同年3月には，文部科学省・厚生労働省から，家庭・福祉・教育の3者が一体となって障害のある子どもへの支援を実施する「トライアングル」プロジェクト報告がなされています。ここでは，教育と福祉との連携強化の推進により，障害のある子どもの「就学前から学齢期，社会参加まで切れ目なく支援していく体制」が目指されています。

　これらの動向は，行政における教育部門と子ども・子育て部門との垣根を越えた協力関係に基づき，子どもたちを支援する体制づくりが目指されているといえます。

3　就学前と小学校との連携

1．子どもの小学校への移行

　近年，「小学校との接続」が教育課題の一つとしてクローズアップされています。就学前段階と小学校との接続は，小中／中高／高大の接続など，「異なる学校種間の接続」をめぐる一領域であり，日本では「幼小の連絡」「幼小接続」「保幼小接続」などの言葉が用いられてきました。

　1990年代のはじめに「小1プロブレム」という概念で，小学校1年生の学級崩壊が問題

となりましたが，小学校1年生の学校での振る舞いの問題（先生の話を聞かないなど）は，明治時代の学制施行からほどなく指摘されており，古くて新しい問題です。

　海外に目を移すと，米国ではスクール・レディネス（準備）という概念で，就学前段階の子どもたちに学校教育を円滑にスタートできる資質を備えることが要求されてきました。しかし近年では，「子どもが小学校入学の準備をする」のではなく，「小学校が子どもを受け入れる準備をする」という考え方が提起されています。OECDは，『Starting Strong（人生の始まりこそ力強く）』と題され，先進国の乳幼児期の教育（ECEC：Early Childhood Education & Care）における調査研究と問題提起を行ってきた一連の報告の2017年版で，子どもの小学校移行を特集しています。そのなかでは，以下のように述べられています。

　　「伝統的に，「学校への移行」は「学校への準備（school readiness）」についてのすべてをさす言葉として解釈されてきた。それによって，乳幼児期の教育（ECEC）環境は，子どもを「学校環境」に備えて教育すべきであるとされてきた。しかし，近年の神経学，発達心理学，学習科学などが示しているのは，学校環境の側が，より（子どもの）発達年齢に適したものであるべきである，ということである。このことは，質の高い乳幼児期の教育を受けた子どもたちの利益が持続し，その利益を守ることができるよう，小学校に改革が要求されているということを示唆している」(OECD, 2017)。

　この記述では，学校が，子どもたちに適したものになっているかどうかが問われています。そして，就学する子どもに合わせて，小学校の側が変わるべきなのではないか，という問題提起がなされています。したがって，就学前段階で「学校的」な教育方法を取り入れるなど，小学校教育を想定して「先取り」することは，必ずしも望ましいこととはいえないといえます。

　このような考えをふまえると，乳幼児期の教育を通して子どもたちが得た「利益」が，小学校で深められ，さらに伸長できるような「連携」のあり方が求められているといえるでしょう。2017（平成29）年に公示された学習指導要領等の改訂を受けて，奈須は以下のように述べています。

　　「（前略）旧来の小学校的なやり方に順応させるべく，木に竹を接ぐような特別な訓練や準備をするのではなく，幼児期までに培われた育ちを大切に受け止め，それをゆっくりと，しかし着実に，各教科等の学びへと発展させていくわけです。入学式の翌日に「小学校は幼稚園までとは違います」と宣言し，「手はお膝」「お口チャック」「手を挙げて，先生に当てられたら発言していいです」といった，まったくの教師の都合に過ぎない規律訓練を幼小接続だと考えてきた不幸な時代は，ようやく終焉の時を迎え

るのです」(奈須, 2017)。

　ここでは, 小学校のあり方を前提として, 子どもたちに小学校への適応を強いる指導方法が批判されています。明示されてはいませんが, 小学校が「子どもに合わせる」という視点をもち合わせていないことへの批判であるととらえることも可能です。

　小学校の側に, これまでの指導方法を再検討すべきというまなざしが向けられている, ということを保育者はどのように受け止めるべきでしょうか。各園では, 「学校への準備を子どもにさせる」という考え方に基づき, 過剰に学校化した保育実践が構成されていないかを検証する必要があります。保育において一方的に小学校に合わせる考えを採用することなく, 「円滑な接続」がどのように達成できるかを考える必要があります。

2.「円滑な接続」のための交流

○カリキュラムの連携

　乳幼児期の教育から小学校教育への移行を円滑にするため, 現在小学校には, 生活科を中心とした「スタートカリキュラム」を策定することが求められています。保育現場の視点からみれば, 特に「5歳児クラス（年長組）」では小学校進学への「準備」が意識されます。しかし先ほど述べたように, その場合の「準備」とは小学校のやり方を先取りするのではなく, 乳幼児期の教育の特徴である総合的な教育活動のなかで, 主体的に学ぶ意欲を育むことが小学校以降の学習の基盤となるというのが基本的な考え方です。

○職員間の連携

　子どもにとって小学校への円滑な移行が達成されるよう, 職員間の連携は大変重要であるといえます。保育者と小学校の教師は養成課程も異なるため, 互いの教育内容や教育方法についての相互理解も重要です。具体的な子どもの様子に関しても, 日常的に情報共有や意見交換の場をもち, 合同の研修会などで職員同士の相互理解を深めることが望ましいといえます。

　また, 保育施設から小学校へは, 子どもの育ちを支える資料の送付が必要とされています（表12-1）。各「要録」には一人ひとりの子どもの姿が総合的に記載されます。このように, 資料を通して小学校の教師が子どもの特性を知ることも, 相互理解の一助となります。

　そのほか, 「連絡会」などの名称で交流が行われています。また, 子どもたち同士の交流の実施も円滑な接続の手段として有効かもしれません。しかしこうした連携には, 保育施設や小学校の自発的な交流だけでなく, 行政（教育委員会や子育て支援部局）の果たす役割も大きいといえるでしょう。

表12-1　小学校へ送付される要録

幼稚園	幼稚園幼児指導要録
保育所	保育所児童保育要録
認定こども園	認定こども園こども要録

4　教育・保育現場と地域との連携

1．学校と家庭・地域との連携

○PTA

　PTA（Parent-Teacher Association）は，保護者と教師からなる組織であり，「社会教育組織としても地域組織としても，日本最大の規模」（岩竹，2017）をもった組織です。公益社団法人「日本PTA全国協議会」をトップとし，北海道，東北，東京，関東，東海北陸，近畿，中国，四国，九州の9ブロックのPTA協議会，さらにその下部に県PTA協議会―市町村PTA協議会とピラミッド型の組織からなっており，末端に各学校のPTAが位置づけられています。

　上であげた1996（平成8）年の中央教育審議会答申「21世紀を展望した我が国の教育の在り方について」（第一次答申）においても，学校と家庭・地域社会の懸け橋として，PTAの役割に大きな期待が寄せられています。PTAの活性化は，子どもたちにとって大きな支えとなるでしょう。しかし，PTAが自主的な任意団体であるにもかかわらず，事実上すべての保護者が強制加入させられる学校もあるなど，運用上の問題点も指摘されています。教員の多忙化などの要因もふまえながら，適切なPTA活動のあり方についての議論が求められているといえます。

○コミュニティ・スクール（学校運営協議会制度）

　2015（平成27）年の中央教育審議会答申「新しい時代の教育や地方創生の実現に向けた学校と地域の連携・協働の在り方と今後の推進方策について」をふまえ，各学校における学校運営協議会の設置努力義務化や，その充実などを内容とする，「地方教育行政の組織及び運営に関する法律」（地教行法）の改正が行われ，2017（平成29）年4月に施行されました。文部科学省によれば，「学校と地域住民等が力を合わせて学校の運営に取り組むことが可能となる「地域とともにある学校」への転換を図るため」の制度とされています（図12-1）（文部科学省ホームページ）。また，学校運営協議会の主な役割は，①校長が作成する学校運営の基本方針を承認する，②学校運営に関する意見を教育委員会又は校長に述べることができる，③教職員の任用に関して，教育委員会規則に定める事項について，教育委員会に意見を述べることができる，という3つとされています。

　地教行法の改正の背景となった，2016（平成28）年の「「次世代の学校・地域」創生プラン～学校と地域の一体改革による地域創生～」によれば，その理念は学校と地域の「連携・協働の推進」であり，すべての公立学校がコミュニティ・スクールとなることが目指されています。ここでは，地域と学校とが目標やビジョンを共有し，一体となって子どもたち

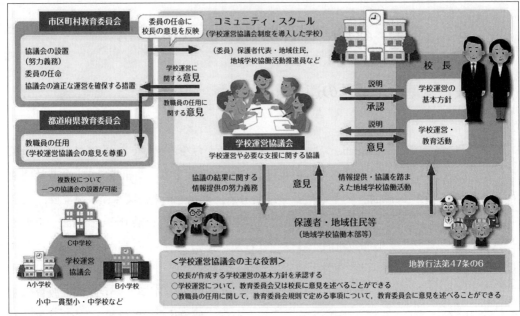

図12-1 コミュニティ・スクール概念図

出所：文部科学省，2018

を育てようとする「地域とともにある学校」というスローガンが示されています。

2017（平成29）年の学習指導要領等の改訂において示された「社会に開かれた教育課程」の実現も，この制度の普及による地域との連携が前提とされています。

○地域学校協働活動

2017（平成29）年4月に文部科学省から発出された「地域学校協働活動の推進に向けたガイドライン」によれば，地域学校協働活動とは，多様な地域住民等の参画を得て，地域全体で子どもたちの学びや成長を支え，「「学校を核とした地域づくり」を目指して，地域と学校が相互にパートナーとして連携・協働して行う様々な活動」とされています。

従来は，「学校支援地域本部」という名称で，地域住民がボランティアで授業等の学習補助，部活動の指導補助や学校行事の支援等を推進する体制づくりがなされていました。文部科学省によれば，「地域本部」と「協働活動」との違いについて，後者は，地域による一方的な学校への支援ではなく，双方向的な「連携・協働」という視点が強調されています。

コミュニティ・スクールと合わせ，近年学校を核とした地域づくりというビジョンが強調されています。こうした方向性は，第1節で述べた連携の考え方に沿うものであるといえます。国主導のこうした地域づくりの政策から，どのような課題と成果が生まれるのかを今後検証していく必要があるといえるでしょう。

○地域における家庭教育支援総合推進事業

文部科学省は，地域において保護者が家庭教育に関する情報収集や相談のできる体制づ

くりのため「家庭教育支援チーム」の組織化などによる相談対応や、保護者を支援する地方自治体の取り組みを推進しています。子育て中の保護者を支援する体制をつくることが目指されています。

2．保育現場と家庭・地域との連携

保育所においては、地域の子育て家庭への子育て支援は義務とされ、保育所の役割の一つです。幼稚園においては、努力義務とされています。保育施設には、家庭や地域との連携の拠点となることが期待されています。表12-2は、各要領における記述です。

ここまで紹介したように、各機関の連携により子どもの成長を支援する体制づくりが進められています。現在の社会では、格差の拡大を招き、「関係性に基づく援助」を必要とする人々が生み出されています。子どもの貧困も、こうした文脈でとらえることができるといえます。関係機関の連携による子どもたちの支援は、今後いっそう求められていくと考えられます。

表12-2　各要領における地域との連携

〈保育所保育指針〉
第2章　保育の内容
4　保育の実施に関して留意すべき事項（3）家庭及び地域社会との連携
　子どもの生活の連続性を踏まえ、家庭及び地域社会と連携して保育が展開されるよう配慮すること。その際、家庭や地域の機関及び団体の協力を得て、地域の自然、高齢者や異年齢の子ども等を含む人材、行事、施設等の地域の資源を積極的に活用し、豊かな生活体験をはじめ保育内容の充実が図られるよう配慮すること。

〈幼稚園教育要領〉
第3章　指導計画及び教育課程に係る教育時間の終了後等に行う教育活動などの留意事項
第1　指導計画の作成に当たっての留意事項
1　一般的な留意事項
（8）幼児の生活は、家庭を基盤として地域社会を通じて次第に広がりをもつものであることに留意し、家庭との連携を十分に図るなど、幼稚園における生活が家庭や地域社会と連続性を保ちつつ展開されるようにすること。その際、地域の自然、人材、行事や公共施設などの地域の資源を積極的に活用し、幼児が豊かな生活体験を得られるように工夫すること。また、家庭との連携に当たっては、保護者との情報交換の機会を設けたり、保護者と幼児との活動の機会を設けたりなどすることを通じて、保護者の幼児期の教育に関する理解が深まるよう配慮すること。

〈幼保連携型認定こども園教育・保育要領〉
幼稚園教育要領とほぼ同内容

参考・引用文献

藤田英典（1991）『子ども・学校・社会――豊かさのアイロニーの中で』東京大学出版会
稲沢公一・岩崎晋也（2008）『社会福祉をつかむ』有斐閣
岩竹美加子（2017）『PTA という国家装置』青弓社
Mangione, P. L. & Speth, T.（1998）The transition to elementary school: a framework for creating early childhood continuity through home, school, and community partnership. *The Elementary School Journal*, **98**(4), 381-398.
持田栄一（1978）「教育福祉」細谷俊夫・奥田真丈・河野重男（編集代表）『教育学大事典　第2巻』第一法規出版
文部科学省（2018）「コミュニティ・スクール2018～地域とともにある学校づくりを目指して～」
奈須正裕（2017）『「資質・能力」と学びのメカニズム』東洋館出版社
OECD（2017）*Starting Strong V: Transitions from Early Childhood Education & Care to Primary Education.*
パットナム，R. D　柴内康文（訳）（2017）『われらの子ども――米国における機会格差の拡大』創元社

索　引

（＊は人名）

■ あ 行 ■

＊赤沢鍾美　38
アクティブ・ラーニング
　　→主体的・対話的で深い学び
遊び　90
アメリカ教育使節団　44, 46
＊アリエス（Aries, P.）　16
＊アンダーソン（Anderson, B.）　7
生きる力　108
一条校　58, 64
一斉教授（一斉授業）　82, 84, 85
意図的教育　4, 5
インクルーシブ教育　59
「エビデンスに基づく」保育　75
『エミール』　16, 18-20
＊エラスムス（Erasmus, D.）　17
恩賜財団母子愛育会　43
恩物　22, 24

■ か 行 ■

外国人学校　135
開放制教員養成　137
核家族　9
学制　33
拡大家族　9
学問の自由　56
隠れたカリキュラム（hidden curriculum）　8
＊筧雄平　38
鹿児島県立女子師範学校　34
家族の個人化　11
学校安全　141
学校
　　→一条校
学校教育法　53, 58, 64, 65
学校評価制度　109, 112
家庭・地域社会の教育力　12

カリキュラム　96
カリキュラム・マネジメント　116
環境を通して行う教育・保育　89
関西連合保育会　35
キャリアアップ　139
給特法　63
教育委員会　60
教育機会確保法　136
教育基本法　56, 98, 121, 123, 126
教育公務員特例法　62
教育刷新委員会　45, 46
教育支援センター（適応指導教室）　136
教育職員免許法　49, 63
教育審議会　41
教育振興基本計画　57, 109
教育長（新教育長）　61
教育的営み　2, 4
教育内容の現代化　99, 108
教育の機会均等　59, 70
教育の公共性　6
教育の情報化　144
教育を受ける権利　55
教員育成指標　138
教員免許更新制　138
教員免許状更新講習　63
教科書検定　94
教職課程コアカリキュラム　137, 146
近代家父長制家族　10
＊倉橋惣三　24, 37, 46
＊クララ・チーゲルマン（松野クララ）　33
経験教育論　18
顕在的カリキュラム　97
幸福追求権　54
公民館　126, 127
国際バカロレア　135
国民国家　7
国民的アイデンティティ　7

個人内評価　114
子ども会　127
子ども家庭福祉　151, 152
子ども観　15
子ども・子育て支援新制度　66
子どもの経験　83
子どもの貧困　151
コミュニティ・スクール　155
＊コメニウス（Comenius, J.A.）　17
五領域　27

■　さ　行　■

＊佐藤信淵　30
慈育館　31
資質・能力　85, 88, 89, 104, 116
自然選択説　3
思想・良心の自由　55
指導計画　117
児童の権利条約（児童の権利に関する条約）
　　15, 54, 151
児童福祉法　64, 65, 151
社会化（socialization）　5
社会関係資本　149
社会教育　122, 127
社会教育三法　123
社会教育施設　125, 126, 130
社会教育審議会　122
社会教育法　122, 123, 126
社会に開かれた教育課程　100, 156
就学準備（アカデミック）型　76
就学前の子どもに関する教育，保育等の総合
　　的な提供の推進に関する法律（認定こども
　　園法）　66
集団主義保育　91
守孤扶独幼稚児保護会　39
主体的・対話的で深い学び（アクティブ・ラ
　　ーニング）　85, 91, 97, 98
小1プロブレム　152
生涯学習審議会　122, 124
生涯学習振興法　121, 124
生涯教育　121
小学校との接続　152

消極教育論　19
少年法　16
シルバー人材センター　129
スクール・レディネス　153
スタートカリキュラム　154
生活基盤（ホリスティック）型　76
政教分離の原則　56, 94
生存権　54
『世界図絵』　17
絶対評価　114
潜在的カリキュラム　8, 97
専心活動　83
全体的な計画（教育課程）　116
総合教育会議　61
総合的な学習の時間　108
相対評価　114
疎開　43
疎開保育所　43

■　た　行　■

『大教授学』　17
大正新教育　36
脱学校化　9
『脱学校の社会』　8
地域型保育事業　66, 67
地域学校協働活動　156
知の循環型社会　124, 125
地方教育行政の組織及び運営に関する法
　　律　53, 61
地方公務員法　62
中央教育審議会　94, 108, 124
中央社会事業委員会　47
通過儀礼（加入儀礼）　11
定型的教育（formal education）　4
テ・ファリキ　79
＊デューイ（Dewey, J.）　83, 84, 106
寺子屋　32
東京女子師範学校附属幼稚園　33
東京都私立幼稚園協会　42
特別支援学校　59, 71
特別支援教育　59
図書館　126, 127

図書館法 123
＊豊田芙雄 33, 34
「トライアングル」プロジェクト 152

■ な 行 ■

内外区分事項 94
＊中村正直 23
ナショナル・カリキュラム 93, 97
日本国憲法 53, 56
乳幼児期の教育（Early Childhood Education & Care：ECEC） 74
乳幼児期の教育の無償化 76
認定講習会 48
認定こども園法

■ は 行 ■

ハイパー・メリトクラシー 86
白紙説 18
博物館 126, 127
博物館法 123
発見学習 84
非定型的教育（informal education） 4
非認知能力 87, 88, 91
平等権 55
福祉 150
不登校 134, 135
不登校特例法 136
普遍文法 3
フリースクール 134, 135
＊ブルーナー（Bruner, J.） 84
＊フレーベル（Fröbel, F.） 21-24
フレーベル会 35, 37
文化化（enculturation） 5
＊ペスタロッチ（Pestalozzi, J.H.） 20, 21
＊ヘックマン（Heckman, J.） 87
保育教諭 66
保育所保育指針 27
保育の内容 101
保育要領 24, 26
放課後子ども総合プラン 128
＊布袋屋徳右衛門（幻心） 30
保母資格試験 51

■ ま 行 ■

民族学校 136
無意図的教育 4
無償化 75
メトーデ 20
メリトクラシー（能力主義・業績主義） 86
目標に準拠した評価 114, 118
問題解決学習 84
文部科学省 60
文部科学白書 119, 130

■ や 行 ■

夜間中学 135
野生児 3, 4
遊児廠 31
誘導保育論 26
ゆとり教育 108
養護 101
養護及び教育を一体的に行う 101
幼児期の終わりまでに育ってほしい姿（10の姿） 89, 118
養成施設 50
幼稚園教育要領 23, 27
幼稚園令 38
幼保一元化 47, 65
要保護児童対策地域協議会 152
幼保連携型認定こども園教育・保育要領 66

■ ら 行 ■

＊ラングラン（Lengrand, P.） 121
臨時教育審議会 108, 121
＊ルソー（Rousseau, J.J.） 16, 18-20
レッジョ・エミリア 78, 145
労働基準法 15
＊ロック（Locke, J.） 18

■ 欧 文 ■

ICT 144, 146
PTA 129, 148, 155

《執筆者紹介》（執筆順）

垂見直樹（たるみ　なおき）　はじめに・第5章～第9章・第11章・第12章
　　九州大学大学院人間環境学府教育システム専攻博士課程単位取得満期退学
　　　現　在：近畿大学九州短期大学保育科教授

金　俊華（きむ　じゅんふぁ）　第1章
　　九州大学大学院教育学研究科教育学専攻博士後期課程修了
　　　現　在：近畿大学九州短期大学保育科教授

大間敏行（だいま　としゆき）　第2章・第10章
　　筑波大学大学院博士課程人間総合科学研究科単位取得満期退学
　　　現　在：元　近畿大学九州短期大学通信教育部保育科講師

三木一司（みき　かずし）　第3章・第4章
　　九州大学大学院教育学研究科教育学専攻博士後期課程単位取得満期退学
　　　現　在：近畿大学九州短期大学保育科教授

保育のための教育原理

| 2019年3月30日 | 初版第1刷発行 | 〈検印省略〉 |
| 2023年11月20日 | 初版第6刷発行 | |

定価はカバーに表示しています

著者　垂見　直樹
　　　金　　俊華
　　　大間　敏行
　　　三木　一司

発行者　杉田　啓三
印刷者　田中　雅博

発行所　株式会社　ミネルヴァ書房
607-8494　京都市山科区日ノ岡堤谷町1
電話代表　075-581-5191
振替口座　01020-0-8076

© 垂見・金・大間・三木, 2019　創栄図書印刷・新生製本

ISBN978-4-623-08513-2
Printed in Japan

新しい保育講座

B5判／美装カバー

① 保育原理
渡邉英則・髙嶋景子・大豆生田啓友・三谷大紀 編著
本体2200円

② 保育者論
汐見稔幸・大豆生田啓友 編著
本体2200円

③ 子ども理解と援助
髙嶋景子・砂上史子 編著
本体2200円

④ 保育内容総論
渡邉英則・大豆生田啓友 編著
本体2200円

⑤ 保育・教育課程論
戸田雅美・渡邉英則・天野珠路 編著

⑥ 保育方法・指導法
大豆生田啓友・渡邉英則 編著
本体2200円

⑦ 保育内容「健康」
河邉貴子・鈴木康弘・渡邉英則 編著
本体2200円

⑧ 保育内容「人間関係」
渡邉英則・小林紀子・髙嶋景子 編著

⑨ 保育内容「環境」
久保健太・髙嶋景子・宮里暁美 編著
本体2200円

⑩ 保育内容「言葉」
戸田雅美・秋田喜代美・岩田恵子 編著

⑪ 保育内容「表現」
小林紀子・砂上史子・刑部育子 編著
本体2200円

⑫ 保育・教育実習
大豆生田啓友・三谷大紀・松山洋平 編著
本体2200円

⑬ 乳児保育
岩田恵子・須永美紀・大豆生田啓友 編著

⑭ 障害児保育
若月芳浩・宇田川久美子 編著
本体2200円

アクティベート保育学

A5判／美装カバー

① 保育原理
汐見稔幸・無藤 隆・大豆生田啓友 編著
本体2000円

② 保育者論
大豆生田啓友・秋田喜代美・汐見稔幸 編著
本体2000円

③ 子ども理解と援助
大豆生田啓友・久保山茂樹・渡邉英則 編著

④ 保育・教育課程論
神長美津子・戸田雅美・三谷大紀 編著

⑤ 保育方法・指導法
北野幸子・那須信樹・大豆生田啓友 編著

⑥ 保育内容総論
大豆生田啓友・北野幸子・砂上史子 編著

⑦ 保育内容「健康」
河邉貴子・中村和彦・三谷大紀 編著

⑧ 保育内容「人間関係」
大豆生田啓友・岩田恵子・久保健太 編著
本体2000円

⑨ 保育内容「環境」
秋田喜代美・佐々木正人・大豆生田啓友 編著

⑩ 保育内容「言葉」
汐見稔幸・松井智子・三谷大紀 編著

⑪ 保育内容「表現」
岡本拡子・花原幹夫・汐見稔幸 編著
本体2000円

⑫ 保育・教育実習
矢藤誠慈郎・髙嶋景子・久保健太 編著
本体2000円

⑬ 乳児保育
遠藤利彦・髙嶋景子・汐見稔幸 編著

⑭ 障害児保育
榊原洋一・市川奈緒子・渡邉英則 編著
本体2000円

―― ミネルヴァ書房 ――

https://www.minervashobo.co.jp/